AF176193

Verwall-Runde live!

Deckblatt: Das ovale Fenster eröffnet einen außergewöhnlichen Ausblick auf das Verwall. Buchstaben und Zahlen anstelle von Fotos bilden die ausgedehnte Alpengruppe ab. Wer genau hinsieht und vielleicht eine Lupe zur Hand nimmt, kann die alphabetisch sortierten Namen und Höhenangaben aller rund 200 Gipfel erkennen.

Bibliografische Information der Deutschen Nationalbibliothek:
Die Deutsche Nationalbibliothek verzeichnet diese Publikation in der Deutschen Nationalbibliografie;
detaillierte bibliografische Daten sind im Internet unter www.dnb.de abrufbar.

1. Ausgabe 2020
© 2020 Matthias Bargel
Text und Satz: Matthias Bargel
Umschlaggestaltung: Matthias Bargel
Herstellung und Verlag: BoD – Books on Demand, Norderstedt
ISBN: 978-3-7519-0174-1

Matthias Bargel

Verwall - Runde

live!

Von Tirol nach Vorarlberg – Schritt für Schritt
Eine Hüttentour durch die Alpen

Über den Autor

Matthias Bargel, Jahrgang 1975, wurde in München geboren. Er studierte Germanistik, Völkerkunde sowie Vor- und Frühgeschichte an der Ludwig-Maximilians-Universität München. Nach einem Aufbaustudium in Computerlinguistik war er als wissenschaftlicher Mitarbeiter am Centrum für Informations- und Sprachverarbeitung (CIS) beschäftigt. Journalistische Erfahrungen sammelte er 2001 in der Würmtalredaktion der Süddeutschen Zeitung, Planegg, bevor er mehrere Jahre für den Münchner Merkur und die München-Anzeiger aus dem Stadtgebiet berichtete. Als Redakteur und Lektor war er in verschiedenen Bereichen tätig.

Privat ist er vorzugsweise zu Fuß unterwegs. Er schätzt das sportliche wie das meditative Gehen in Parks und Gärten, an Küsten und Seen, durch Flusstäler, in Mittelgebirgen oder den Alpen. »Verwallrunde live!« ist sein zweites Buch. Im Jahr 2018 erschien »Alpenüberquerung live!«, ein Reisebericht über eine fünfwöchige Weitwanderung von München zum Gardasee, die der Autor 2011 unternahm.

FÜR DIE ANDEREN

INHALT

SCHRITT FÜR SCHRITT DURCHS VERWALL

DETAILS ZU ETAPPEN UND HÜTTEN

ZWISCHEN FERNSICHT UND TUNNELBLICK

Der letzte Pfad ist ungenießbar. Der Raum gibt sich schummerig, eng und laut, er droht an Abgasen zu ersticken. Dieser Pfad, auf dem ich nicht sein will. Dieser Raum, dem ich nun ausgeliefert bin. Auf einem wankelmütigen Weg, den ich mir unter den Gleisen des Hauptbahnhofs bahne. Heikel kommt mir der Gang durch die Paul-Heyse-Unterführung vor. Gewagter als mancher Steig im Verwall, das ich jetzt acht Tage lang erkundet habe.

Am *Holzkirchner Bahnhof,* dem Südflügel des Hauptbahnhofs, bin ich vor ein paar Minuten aus dem Meridian gestiegen. Bereits in Kufstein war mir aufgefallen, wie sich das Publikum wandelte. In Tracht und Pseudotracht gewandete Reisende, teils mit einer Bierflasche in der Hand, häuften sich auf einmal. Sie führten mir glasklar vor Augen, dass ich mich im Einzugsbereich der Wiesn befand. Nüchtern betrachtet nämlich ist München in diesen Tagen gleichbedeutend mit dem Oktoberfest. Mit einer Großstadt im Rausch, voll von einer globalen Besucherschaft. Einer Stadt im Bierrausch mit noch mehr Gästen als sonst.

Ich tappe also durch diesen finsteren Tunnel. Umhüllt von Feinstaub-Stickstoff-Wolken, beschallt von ungezügeltem Fahrzeuglärm und allseits bedrängt durch entgegenkommende und überholende Passanten. Ein knapp bemessener Bürgersteig säumt die linke Fahrbahn. Sobald hier zwei Personen nebeneinander gehen, muss ich auf den genauso schmalen Fahrradstreifen ausweichen. Auf ihm geht es zu wie auf einer Autobahn: rabiat und zielorientiert.

Für mich ist da kein Platz. Öfter soll mir dieser Gedanke kommen. Hier drinnen, hier unten, auf dieser tiefsten Etappe meiner Reise. Wann immer mir Fußgänger und Radfahrer gleichzeitig begegnen, poppt er auf. Er begleitet mich, solang ich zwischen Rad- und Fußspur mäandere oder auf der Trennlinie balanciere, stets eine Lücke suchend für ein Durchkommen zwischen Drahtesel und Dirndlträgerin.

Schon als Kind hatte ich die Paul-Heyse-Unterführung als lärmig empfunden. Dabei waren damals weniger Fahrzeuge mit jener unsäglichen Extra-Dröhnung unterwegs, wie sie in unserer einst so beworbenen Weltstadt mit Herz heute gang und gäbe sind.

Der Hall aufgemotzter Autos mit ihren überdimensionierten Motoren ist auf Dauer nervtötend. Einen abweisenderen Raum als diese Röhre kann ich mir augenblicklich kaum vorstellen. Mit ihren zerfetzten Plakatwänden und dem ruinösen, weiß gekachelten Mauerwerk, dessen schmierige Schmutzigkeit trübe Neonleuchten hervorkehren. Umso mehr bin ich bestrebt, mein Ziel, das Ende des Tunnels, möglichst schnell und heil zu erreichen.

Paul Heyse – wer war das eigentlich? Was war dieser Mann für ein Mensch, dass man einen so düsteren Tunnel nach ihm benannte? Hat er es verdient, ihm ein dermaßen kracherfülltes Bauwerk zu widmen? Mehr Ehre wird ihm durch die Tatsache zuteil, dass die südlich anschließende Straße ebenfalls seinen Namen trägt. Immerhin, denn Paul Heyse war ein Schriftsteller, Dramatiker und Übersetzer.

Er wurde 1830 in Berlin geboren und siedelte 1854 nach München um, wo er 1914 verstarb. Für sein belletristisches Werk wurde ihm 1910 der Nobelpreis für Literatur verliehen. Als posthume Würdigung stelle ich mir für so jemanden ein ansprechendes Gebäude vor, etwa eine Bibliothek oder ein Theater. Schön wäre auch ein Garten, vielleicht mit Pavillon, wo man Heyses Novellen in Muße lesen kann. Aber einen Tunnel? Einen Straßentunnel von solch unterirdischem Charme? Es ist anzunehmen, dass die Straße zuerst gewidmet wurde und man ihren Namen danach auf die Unterführung übertrug.

Ein kleiner Kulturschock ist es allemal, der mich empfängt, kaum dass ich die Bahn verlassen habe. Er gibt mir zu verstehen, dass es jetzt vorbei ist mit der idyllischen Ruhe verwaister Almwiesen, mit der archaischen Stille hochalpiner Schotterwüsten und dem Wohlklang wilder Gebirgsbäche. Man hat mich sprichwörtlich ins kalte Wasser geworfen. Besser gesagt habe ich mich selbst hineingestürzt, indem ich den Weg von der Süd- zur Nordseite des Hauptbahnhofs, sprich von der Bayerstraße zur Arnulfstraße abkürzte und die Unterführung nahm.

Alternativ hätte ich in die Haupthalle hineingehen, sie durchqueren und weiter zum *Starnberger Flügelbahnhof* stiefeln können und wäre so unweit des anderen Tunnelendes herausgekommen. Ortsfremden sei gesagt, dass München einen Sackbahnhof mit zwei Flügeln hat, deren Gleise weit vor den Puffern der Haupthalle enden. Um vom Süd- zum Nordflügel zu gelangen, ist eine hufeisenförmige Strecke von mehreren Hundert Metern zurückzulegen. Ein Umweg, auf den ich heute gern verzichte, zumal der Bahnhof von zivilisatorischer Intensität nur so strotzt.

Launisches Getümmel, ein Wirrwarr von Lauten und der überwältigende Rausch aus Farbe, Form und Licht mischen sich zu einer geballten Reizüberflutung. Das Bewegungsspektrum reicht von Gehen, Eilen und Laufen über Drängeln und Überholen bis zum Modus des Wartens. Warten kann Verharren an einem Standort bedeuten, ist aber häufig mit Auf- und Abgehen, Bummeln oder Schlendern und meistens mit Schauen verbunden. Dem Schauen auf Anzeigetafeln, auf ein- und ausfahrende Bahnen, auf Passagierströme, wie sie aus ankommenden Zügen sprudeln, auf Gesichter, Gewänder und Bewegungsweisen.

Stattdessen habe ich mich in ein Extrem des städtischen Individualverkehrs hinein manövriert. In einer Art Hindernislauf versuche ich Fahrrädern, Elektro-Rollern und Fußgängern auszuweichen. Indessen frage ich mich, ob ich hier geschützter bin als in den vielfältigen Landschaftsräumen auf zweieinhalbtausend Metern. Dem Tod weniger nah als auf einem exponierten Berggrat. Manche Akteure haben eindeutig zu tief ins Glas geschaut, als dass sie in der Lage wären, sich und ihr Gefährt geradeaus zu steuern. Andere stürmen flotten Schrittes auf ihren ersten voll gefüllten Krug zu.

Spontan erscheint mir das gegenwärtige Terrain riskanter als alles, was ich im Verwall durchstreift habe. Gefährlicher als jedes Gelände, das ich dort unter den Sohlen spürte. Ein wenig Übertreibung mag in dieser Beschreibung mitschwingen. Ab und zu fand ich mich durchaus an Positionen wieder, an denen ein Fehltritt tunlichst zu vermeiden ist.

Auf dem Ludwig-Dürr-Weg versetzte mir eine rund einen Meter hohe Gletscherstufe einen Adrenalinschub. Unter mir ging es steil bergab, etwas tiefer befand sich eine Felskante, gefolgt von einem senkrechten Abfall. Um weiterzukommen, musste ich die Eisbarriere überwinden, mit Bergstiefeln ohne Steigeisen oder Grödeln, denn sie war unausweichlich. Umkehren war keine echte Option, da gut die Hälfte der Marathontour bereits hinter mir lag. Eine Hälfte, die es in sich hatte. Die Aussicht, mich ihren Tücken ein zweites Mal auszusetzen, zumal in umgekehrter Richtung, erstickte den Gedanken an ein Zurück im Keim.

Acht Stunden reine Gehzeit hatte mir der Wirt der Darmstädter Hütte für den schwarzen Steig zur Friedrichshafener Hütte prognostiziert. Auf einer neuen, längeren Route, weil der traditionelle Pfad über den Großen Küchlferner wegen Steinschlags unbegehbar geworden ist. Und irgendwo auf halbem Weg lag nun diese eisige Steilstufe am Rand eines verkümmerten Firnfeldes direkt vor mir. Sie galt es zu nehmen, sie war unentrinnbar.

Wer es einmal wagte, mit bloßen Schuhen schräges, blankes Eis zu betreten, weiß, dass jeder Tritt in eine Rutschpartie münden muss. Wie es gelang, diese Hürde zu meistern, wird an späterer Stelle zu lesen sein.

Anders als hier hatte ich im Verwall mein Schicksal weitgehend selbst in der Hand. Es wäre an mir gelegen, hätte ich irgendwo einen Fehler gemacht und infolgedessen den Halt unter meinen Füßen verloren. Besser aufgehoben fühle ich mich in dieser Unterführung definitiv nicht. Hineingedrängt in diesen Tunnel, wo ich mit kaltschnäuzigen Geländewägen und Lkws auf Tuchfühlung bin.

Hier und jetzt bin ich auf die Rücksicht anderer angewiesen. Auf die Vorsicht von Menschen, die sich zum Teil selbst nicht unter Kontrolle haben. Auf das Wohlwollen von Verkehrsteilnehmern, die von eigenen Interessen, Terminen oder purem Fahrspaß getrieben sind. Darf ich mich am Saum dieser Tunnelstraße wirklich sicherer fühlen als auf dem Geröll des Hochgebirges?

Der Titel einer 1864 veröffentlichten Novelle von Paul Heyse lautet: Die Reise nach dem Glück. Die Figuren in Heyses Novellen und Romanen seien häufig ›schöne Seelen‹: vorbildliche, edle und künstlerisch empfindende Jünglinge oder selbstlos handelnde ›Tat-Frauen‹. So ist auf Wikipedia.org zu lesen:

»Der empfindsame, geistig hochstehende Idealist erweist sich bei Heyse als ungeeignet, den Kampf mit dem Niederen und Gemeinen aufzunehmen, er reagiert mit Schweigen und Entsagung. Die Leser identifizierten sich mit diesen zurückgezogenen, in einer ›schönen‹ Welt der Kunst lebenden Figuren.[...] Eine bemerkenswerte Entwicklung des Dichters liegt laut Meyers Konversationslexikon (4. Auflage, 1880er Jahre) darin, ›daß die späteren Novellen auch herberen Konflikten und einem düsteren Lebenshintergrund nicht mehr ausweichen‹.« (Wikipedia, 2020)

Herbe Konflikte mussten vermutlich auch jene Obdachlosen durchstehen, die sich ihren Schlafplatz ausgerechnet in einer Mauernische am Südeingang des Tunnels eingerichtet hatten. Bis zu dem Tag, seit dem ein schräg angebrachtes Metallblech dies unmöglich macht.

Taten sie dies, weil es dort wärmer und windgeschützter ist als anderswo in der Stadt? Die starken Abgase mögen als Heizluft wirken. Sie sind warm, aber ungesund und riechen nach Gift. Perfidere Schadstoffe sind sogar geruchlos giftig. Und selbst der beste Gehörschutz vermag den donnernden Verkehr nicht auszuschalten. Ein schöner Ort sieht anders aus. Paul Heyse hätte sich diesen Tunnel nicht ausgesucht.

ÜBER WEGWAHL, WETTER UND WANDERKARTEN

Garantiert einladender sind bei guter Witterung die Alpen, in diesem Fall das Verwall: Die DAV-Sektion Heilbronn hat eine Broschüre zur Verwall-Runde herausgebracht. Drei Routen werden darin vorgestellt, auf denen sich die Gebirgsgruppe oder Teile davon durchqueren lassen:

1. In acht Tagen von Sankt Christoph am Arlberg über die Kaltenberghütte, Konstanzer Hütte, Neue Heilbronner Hütte, Friedrichshafener Hütte, Darmstädter Hütte, Niederelbehütte und Edmund-Graf-Hütte nach Pettneu am Arlberg;

2. in fünf Tagen von Schruns über die Wormser Hütte, Neue Heilbronner Hütte, Konstanzer Hütte, Kaltenberghütte nach Sankt Christoph und mit dem Bus zurück nach Schruns;

3. in fünf Tagen durchs westliche Verwall, vom Zeinisjoch (Galtür) über die Neue Heilbronner Hütte, Wormser Hütte, Konstanzer Hütte zurück zur Neuen Heilbronner Hütte und wieder hinab zum Zeinisjoch.

Ich entschied mich dafür, Route 1 in umgekehrter Richtung zu begehen. Zuvor hatte ich mich via Internet erkundigt, wann die einzelnen Hütten schließen würden. Generell lässt sich sagen, dass die Saison im Verwall wie in den meisten Alpenregionen etwa von Mitte Juni bis Ende September dauert. Die genauen Termine sind von Hütte zu Hütte verschieden. Sie hängen teils von der Höhenlage, teils von den aktuellen Boden- und Wetterverhältnissen ab. Es empfiehlt sich, vorab einen Blick auf die Homepages zu werfen oder per Telefon oder E-Mail die Öffnungszeiten zu erfragen.

Da der Zeitraum meiner Tour nah an das Saisonende heranrückte, erschien es mir günstiger, mit der Edmund-Graf-Hütte zu beginnen. Der Startort, Pettneu am Arlberg, ist von München aus gut mit öffentlichen Verkehrsmitteln erreichbar.

Bestimmte Etappen können auf einer leichteren oder schwierigeren Variante zurückgelegt werden. Das Tagespensum lässt sich so an die individuellen Umstände zum jeweiligen Zeitpunkt anpassen, etwa an die körperliche und mentale Verfassung oder die Witterung.

Das vorliegende Büchlein bzw. E-Book erzählt von meiner privat durchgeführten Verwall-Runde im Herbst 2019. Es schildert persönliche Eindrücke und Erfahrungen. Das in Worte gefasste Erleben wird dabei mit nützlichen Informationen kombiniert. Vorab werden etwa Hinweise zur Ausrüstung gegeben. Der hintere Teil enthält Auskünfte zu den einzelnen Etappen und Hütten. Somit kann diese Begleitlektüre bei der Tourenplanung hilfreich sein.

Wer sich auf den Weg macht, sollte dies stets mit einer möglichst genauen Wanderkarte tun. Ich hatte eine etwas ältere Ausgabe der Alpenvereinskarte 28 (Verwallgruppe) im Maßstab eins zu fünfzigtausend dabei. Sie eignet sich gut zur groben Orientierung. Mehr Detailtreue verspricht die Karte 28/2 (Verwallgruppe Mitte) im Maßstab eins zu fünfundzwanzigtausend. Darauf ist der geografische Raum der vorgestellten Route allerdings nicht vollständig abgebildet. Die nördlichen und nordöstlichen Bereiche fehlen.

Täglich sollte der Bergwetterbericht abgerufen werden, vor allem dann, wenn die Wetterlage instabil und beispielsweise eine Kaltfront ankündigt ist. Die Alpenvereine stellen auf ihrer Homepage ein hochwertiges Angebot zur Verfügung. Es bietet neben dem allgemeinen Bericht für den Al-

penraum spezifische Informationen für die einzelnen Regionen und ist unter folgender Adresse abrufbar:
www.alpenverein.de/DAV-Services/Bergwetter/

Das Reservieren von Schlafplätzen wird empfohlen. Die Wirtsleute haben in der Regel ein offenes Ohr für die Fragen und Sorgen ihrer Gäste und mitunter den einen oder anderen Tipp auf Lager.

Karten und Literatur können beim Deutschen und beim Österreichischen Alpenverein, auch im Online-Shop, erworben werden:

www.dav-shop.de
www.alpenverein.at

DAS SCHUHWERK: BASIS FÜR GEHGENUSS

Eine erfolgreiche Gebirgsdurchquerung basiert auf geeignetem Schuhwerk. Robuste Stiefel mit fels- und gerölltauglichem Profil und fester Kante sollen den Fuß bequem umschließen. Auch auf schwierigem Boden steht es sich darin stabil und sicher. Ob Stock oder Stein, Schotter, Schutt und Schnee, zuverlässig bewältigen sie jedes Terrain.

In alpinem Gelände kann die Sohle über Wohl und Weh entscheiden. Brenzlige Situationen treten oft plötzlich auf: Wo der verschmälerte Pfad eine bröckelige Rinne quert und sich unterhalb ein Abgrund auftut; wo Regen den Steig in eine Rutschbahn verwandelt hat. Brüchiger Fels, poröser Schotter, bröseliges Geröll, feuchte Erde oder glitschiges Gras – kritischer Untergrund birgt die Gefahr abzugleiten. Im Vorteil ist, wer dann Unterstützung von unten erfährt. Fazit: Wer bei den Schuhen spart, tut sich einen geringen Gefallen und könnte dies eines Tages bereuen.

Natürlich ist heute keine scheinbare Wahrheit mehr in Stein gemeißelt. So darf jemand ebenso gut barfuß oder in Laufschuhen über die Alpen wandern, sofern die Person weiß, worauf sie sich einlässt. Vielleicht böten uns unsere nackten Füße sogar den besten Halt, wenn wir sie regelmäßig raus ließen aus ihren Leder- und Synthetikkorsetts, worin sie die meiste Zeit eingezwängt sind. Unfähig sich frei zu entfalten, hätten sie erst zu erlernen, wie man sich auf welchem Belag idealerweise verhält, um nicht zu leiden, auszurutschen und unsanft auf dem Boden zu landen. Wer diese Stufe der Gehübung noch nicht erreicht hat, möge sich lieber daran orientieren, was oben gesagt wird. Denn auf Leichtsinn fußt selten eine gute Lösung.

MIT RAT UND RUCKSACK ON THE ROAD

Die Ausrüstung ist ein Mix aus unverzichtbaren Dingen und persönlichen Vorlieben. Auf meiner Verwall-Runde hatte ich *(nicht)* dabei:

- 30-Liter-Tourenrucksack
- Bergstiefel
- *keine* Steigeisen
- *keine* Grödeln
- Barfußschuhe (Leguano) für die Hütte
- Teleskop-Wanderstöcke
- mehrere Strumpfpaare (Berg- und Baumwollsocken)
- ein langärmliges und zwei kurzärmlige Merino-Shirts
- eine strapazierfähige Trekkinghose
- eine leichte Trekkinghose für abends und heiße Tage
- Fleecejacke mit Kapuze
- Softshelljacke mit integrierter Kapuze
- drei Unterhosen
- *keine* Handschuhe
- zwei Tücher, je eines aus Stoff und Seide: Mehrfach gefaltet dienen sie als Halstuch und Stirnband. Hals und Ohren waren so vor übermäßiger Sonneneinstrahlung geschützt. Ergänzend zog ich mir bei Bedarf eine Kapuze über den Kopf.
- eine Tube Hirschtalg: Werden die Füße täglich eingerieben, bleibt die Haut glatt und geschmeidig. Blasen, Sprödigkeit und Rauheit wird auf diese Weise vorgebeugt.

- ein Fläschchen Trekking-Waschmittel: Gerade bei längeren Mehrtagestouren kann es sinnvoll sein, ab und zu Kleidungsstücke herauszuwaschen. Die Reisegarderobe lässt sich so auf ein für Rücken und Schultern verträgliches Maß beschränken.
- Handtuch aus Mikrofaser
- Waschlappen
- Waschbeutel mit Seife, Shampoo, Zahnbürste, Zahnpasta, Hautcreme, Kamm und Nagelschere
- Geschirrtuch (z. B. für die Brillenreinigung)
- Stirnlampe
- *keine* Sonnenbrille
- *keine* Sonnencreme
- Erste-Hilfe-Set
- Rettungsdecke
- Biwaksack
- zwei BPA-freie Flaschen (0,66 l) für Trinkwasser
- *keine* Thermosflasche
- Nüsse
- dunkle Schokolade (mit hohem Kakaoanteil)
- Nahrungsergänzungsmittel: Magnesium, Vitamin B, Mineralstoffe, Spurenelemente, Algen (Spirulina, Chlorella)
- Alpenvereinskarte 28 Verwallgruppe
- Kartenleselupe
- DAV-Mitgliedsausweis
- Bargeld
- EC-Karte
- BahnCard 25

- Krankenversichertenkarte
- Personalausweis
- Schreibblock
- Kugelschreiber
- Handy

Was fehlte und was daraus folgte

Eine Stirnlampe hatte ich selbstverständlich dabei. Mangels langlebiger Batterien war sie allerdings rasch unbrauchbar. Im Lager lernte ich, mit den Händen zu sehen. Man gewöhnt sich an, vor dem Schlafengehen nicht mehr zu trinken, was generell sinnvoll ist, um nachts *nicht raus zu müssen.*

Unterwegs hätte mich ein fehlendes Licht ausbremsen können. Auf der langen Etappe von der Darmstädter zur Friedrichshafener Hütte blitzte der Gedanke auf, dass ich ziemlich aufgeschmissen wäre, sollte etwas Unerwünschtes passieren oder sich die Tour über die Dämmerung hinaus verlängern. So weit kam es zum Glück nicht. Der zeitliche Puffer bis zur Dunkelheit erwies sich als ausreichend, und alle heiklen Stellen brachte ich unversehrt hinter mich.

Sonnenschutzcreme befand sich nicht im Rucksack. Ich bin kein großer Freund davon, sondern ziehe mir lieber etwas über, falls ich über längere Zeit im Sonnenschein gehe. Unentbehrlich ist sie im Hochsommer, und wenn Schnee liegt. Die UV-Strahlung ist unter solchen Umständen intensiver, erst recht in der Höhe. Gesicht, Hals, Ohren und andere von textiler Bedeckung ausgesparte Hautpartien wie Arme oder Beine sollten dann sorgfältig eingeschmiert werden. Je nach Hauttyp ist eine Sonnencreme mit entsprechend hohem Lichtschutzfaktor zu wählen.

SCHRITT FÜR SCHRITT DURCHS VERWALL

1. Tag: Pettneu – Edmund-Graf-Hütte

Montag, 16. September

Der Fahrkomfort von Bus und Bahn bringt mich dem Abenteuer Hüttentour entspannt näher. Mit dem Meridian fahre ich nach Kufstein, mit dem RailJet weiter über Innsbruck nach Sankt Anton am Arlberg. Die übrigen Kilometer nach Pettneu lege ich per Bus zurück. Beide Züge und auch der Bus sind pünktlich. Nach knapp dreieinhalb Reisestunden steige ich am östlichen Ortsrand bei der Kapelle aus. Bereit die niedere Zivilisation für eine Woche hinter mir zu lassen, den letzten Bus, mein letztes Dorf. Wenn dies bloß so einfach wäre!

Auf Anhieb scheint es schwerer zu fallen als gedacht. Die Herausforderung des Tages liegt weder in dem dreieinhalbstündigen Aufstieg mit erklecklichem Gepäck und dem Höhenunterschied von 1200 Metern noch in der absehbar späten Ankunft an der Hütte und dem dadurch fraglichen Schlafplatz und Abendessen. Vielmehr wartet sie gleich ganz zu Beginn. Sie besteht darin, auf die andere Talseite zu gelangen.

Der Ortsteil mit der Kapelle ist an der Nordflanke des Stanzer Tals gelegen, am Fuße der Lechtaler Alpen. Ein tolles, eindrucksvolles Gebirge, dem ich heute den Rücken zuwende. Von der Haltestelle blicke ich stattdessen zur Verwallgruppe hinüber. Hinauf und hinein in ein mächtiges Massiv, zu dem mir der Malfonbach Einlass gewähren soll. Nur wie komme ich zu ihm hinüber? Von dem Seitentälchen, durch das die Startroute führen soll, trennt mich ein tiefer Einschnitt. Abgesehen von Rosanna, dem flink strömenden Flüsschen, ist das Stanzer Tal von Schienensträngen und einer belebten Bundesstraße durchzogen. Allesamt Hürden, die nicht einfach mal so zu bewältigen sind.

Einen passenden Wegweiser, der mir weiterhelfen würde, suche ich hier vergeblich. So gehe ich auf der Hauptstraße zurück, wo sich links unweit ein Sträßchen findet. Es führt in einem Viertelbogen hinab und geht bald in einen Feldweg über. An einem eingekerkerten, schnurgeraden Bach heißt es urplötzlich: Ende Gelände. Ich weiche auf eine angrenzende Pferdeweide aus. Davor fange ich mir leicht erschrocken ein volthaltiges Schläglein ein. Es ereignet sich an der Umzäunung, die unter niedriger Spannung steht.

Als ich das elektrisierte Kunststoffband nach unten drücke, um es zu übersteigen, werde ich kurzerhand an eine Foltermethode erinnert, die in Teilen der Welt an der Tagesordnung ist. Daran, wie wichtig rechtsstaatliche Prinzipien sind. Daran, was es heißt, in Frieden zu leben.

Ich gebrauche die Landkarte als Medium, denn Papier ist bekanntlich ein schlechter Leiter, oder gar ein Nichtleiter? Jedes Material besitzt eine bestimmte Leitfähigkeit. Papier hat allerdings einen so hohen Widerstand, dass es Strom niedriger Stärke so gut wie gar nicht leitet, solange es trocken ist. So bleibt es beim einmaligen Kontakt mit dieser Art Spannung, bevor ich auf die andere Bachseite gelange.

Jenseits der Wasserlinie stoße ich auf ein abschüssiges Sträßchen und wandere auf ihm hinab. Gefahrlos bringt es mich über die Gleise. Erste Hürde geschafft! Am Fluss entlang gehe ich einige Hundert Meter talaufwärts, bis mir eine Brücke Gelegenheit bietet, ihn zu überqueren. Zweite Hürde geschafft! An ein paar Häusern vorbei stiefele ich nun geradewegs ins Malfonbachtal hinein.

Aber da war doch noch eine dritte Hürde!? Oder habe ich die Schnellstraße übersehen? Ich musste sie übersehen. Sie hat sich nämlich einen Weg durch das Erdreich gesucht. Besser gesagt, er wurde ihr gewiesen, denn wie die Landkarte verrät, ist Pettneu in diesem Bereich untertunnelt. Auch die dritte Hürde ist damit genommen, ohne dass es mir aufgefallen wäre.

Der Malfonbach präsentiert sich als druckvolles Band. Herb rauschend und schäumend strömt die weiße Gischt zu Tal. Obgleich unsere Sinne Naturgeräusche als angenehmer empfinden als technischen Lärm, möchte wohl kaum jemand einen Radau wie diesen auf Dauer aushalten. Das muss sich auch der Weg gedacht haben, als er beschloss, Reißaus zu nehmen. Vom Steilbach weg verzieht er sich schlängelnd hinter eine Erhöhung, wo das gewaltige Tosen zu einer Begleitmusik verklingt. Sie untermalt eine ruhigere Episode. Die geschätzte Abwechslung währt nur so lange, bis das Brausen erneut anschwillt und allmählich aus dem Off hervortritt. Das zarte Zwischenspiel hallt vorüber.

Kurz darauf sind sich die flüssige und die feste Linie wieder ganz nah, und der Bach strömt wie zuvor an meiner Seite, erst auf der linken, für die längere Zeit zu meiner Rechten. Wo er sich abflacht und verzweigt, mildert er sich zu einem vielstimmigen Zierband von sanfterem Klang. Die Bändchen plätschern verspielt durch die Rinne. Leicht wie Luftschlangen finden sie ihren Weg.

Früh im Anstieg wandere ich an einem Felsen mit Gedenktafeln vorbei. Würdige Worte haben sie für die mutmaßlich verunglückten Bergfreunde übrig. An der Vorderen Malfonalpe weitet und verflacht sich die Landschaft. Farnwedel winken mir im Vorübergehen zu, als wohnten sie einer Parade oder einem Wettrennen bei.

Weiter oben wehen kugelige Grasbüschel im Wind. Wie Haarschöpfe einer Retro-Frisur muten sie an. Eine Reminiszenz der Natur an die Neue Deutsche Welle der Achtzigerjahre? Oder frönen sie mit ihrem Headbanging dem Heavy Metal? Dicht an dicht tanzen die Hälmchen auf ihrem Polster, wiegend lassen sie ihre langen Hälse hängen.

Als das Tal Einsichten auf die hinteren Hänge gewährt, weiß ich, welche Laubfarben tonangebend sind, was für ein Landschaftskolorit im Trend liegt. Der Herbst kündigt sich an. Vielleicht täuscht er mich auch und entsendet nur einen flüchtigen Gruß. Doch das bunte Bodendekor spricht Bände. An seiner klaren Sprache ist der Fortschritt des Jahres ablesbar.

Da sind von gelb über braun bis scharlachrot gemusterte und von nass glänzenden Silberfäden durchwebte Teppiche, die sich stilvoll über die Gefälle wellen. Da ist das Blattwerk der Blaubeeren, das ganz gemächlich sein Abschiedskleid anlegt und noch grüne Flächen von expressionistischen Ausmaßen zeigt. Da sind fruchttragende Zwergsträucher, die ihn mit Preisel- und Heidelbeeren ins Bewusstsein rufen. Sie laden zur Verkostung ein, als ich mitten durch die Farbfelder steige. Die ungeduldige Uhr zwingt mich, dem Genuss zu entsagen. Sie hindert mich daran, ausgiebig zu schnabulieren, dabei die Zeit zu vergessen und meine Lippen schwarzblau zu färben. Auch daran fällt er auf, der Herbst. Bliebe er aus, wäre der Jahreskreis unvollendet.

In mancher Hangnische sind weiße Flecken eingelagert, Relikte des vergangenen Winters wahrscheinlich. Schneereich, wie er war, kam die Sonne schwerlich damit zu Rande, ihn restlos zu zerschmelzen.

Die Sonne, der Schatten und ich: Während ich aus dem Malfontal heraussteige, liefern wir drei uns einen spielerischen Wettlauf. Peu a peu senkt sich das Gestirn, das augenblicklich droht, hinter der rückwärtigen Kammlinie zu versinken. Ich halte mit ihm mit, will seine Wärme auskosten, will möglichst lange dem kühlen Schatten entfliehen. Beim gelegentlichen Blick über meine Schulter verfolge ich, wie er das tiefere Terrain einnimmt, Meter für Meter, wie er höher und höher klettert, ohne mich einzuholen, denn ich arbeite mich mindestens so zügig empor wie er. Seine Aufholjagd misslingt. Erst an der Hütte soll er bald zum gefräßigen Getier werden. Gierig beansprucht es die östliche Talseite mit einem Mal ganz für sich allein.

Ein umtriebiges Mühlrädchen kippt im Takt unablässig Wasser ins Hüttenbächlein. Gebetsfahnen wehen an einer gespannten Leine. Decken mit Herzmuster auf den Terrassentischen, satt blühende Geranien, dazu die anmutige Holzarchitektur bereiten einen lieblichen Empfang. All dies mildert ein wenig die Dämmerung, mit der ein frisches Lüftchen Einzug hält. An einem Septemberabend macht sie die Außenwelt ungemein unwirtlich.

Drinnen ist es so oder so gemütlich. Die anheimelnde Stube schützt vor dem Gebaren der Witterung. Meiner späten Ankunft zum Trotz kredenzt mir der Wirt einen kräftigen Eintopf aus Kartoffeln, Bohnen und Champignons in würziger Tomatensoße. Eine herzhaftere Belohnung konnte mir zum Ausklang der Tour gar nicht passieren.

2. Tag: Edmund-Graf-Hütte – Hoher Riffler

Dienstag, 17. September

Heute soll der schlechteste Tag der Woche werden, heißt es. Und ausgerechnet da will ich auf den höchsten Punkt des Verwalls? Ja, ich will! Solange sie stabil und trocken bleibt, freunde ich mich mit jeder Witterung an, vorausgesetzt die Ausrüstung stimmt.

Eintöniges Bilderbuchwetter ist auf Dauer langweilig. Interessante Stimmungswechsel ergeben sich in einer unvollkommenen Atmosphäre: dramatische Wolkenformationen, überraschende Lichtwürfe, mystisch-rudimentäre Ausblicke. Die Reibungen und Spannungen, auf denen sie beruhen, bringen spontan aufregende Bilder hervor.

Der Hohe Riffler und die Tour zur Niederelbehütte wären üblicherweise das Programm für einen Tag, hörte ich den Wirt sagen. Gut möglich, wenn der Aspirant akklimatisiert und ambitioniert ist und sich längere Pausen verkneift.

Vor 24 Stunden befand ich mich noch auf 500 Metern über dem Meeresspiegel. Jetzt nähere ich mich der Dreitausendermarke. Die Luft wird dünner. Die Schritte fallen schwerer. Sie sind meiner Atmung anzumerken. Jeder Tritt will bewusst ausgeführt sein. So langsam, dass die Lunge mithält und der Puls nicht überschlägt.

Von den zwei Stunden Gehzeit, die der Wegweiser prophezeite, habe ich mich innerlich verabschiedet. Sie dürften mit großem Gepäck kaum zu halten sein. 800 Höhenmeter vom Tal oder von einem Niveau um 2400 Meter aus zu bewältigen, macht einen Unterschied. Mühsamer sind die Meter bergauf im Hochgebirge, zumal wenn sich der Wind dazu so garstig verhält.

Stürmische Einlagen versetzen die Luft hörbar in Schwingung. Sie pfeifen durch Felskammern, pusten mir um Nase und Ohren, wehen Kälte heran. Meine Finger sind klamm. Handschuhe habe ich daheim gelassen. Ein so hoher Gipfel war nicht vorgesehen auf meiner Hüttentour, und für sie schien das vorhergesagte Klima mild genug, um ein solches Gewand ruhigen Gewissens *vergessen* zu dürfen. Pustekuchen! Jetzt vermisse ich es.

Ich ziehe die Ärmel der Fleecejacke über meine Hände. Ein kniffliges Unterfangen, damit die Stöcke zu umgreifen. Ein Ärmel rutscht zurück, dann der zweite. Durchbeißen heißt die Devise. Ich nehme beide Stöcke in die rechte Hand und stecke meine Linke in die Hosentasche. Die Handfläche lege ich auf den Oberschenkel, an dem sie sich dankbar wärmt. Sie taut langsam auf. Minuten später folgt der Wechsel. Weicher ziehe ich die erste Hand aus der Tasche. Sie muss nun die Stöcke tragen, ob sie will oder nicht, und die andere darf sich an den Schenkel schmiegen.

So weiß sich der Mensch in der Not zu helfen. Im Rahmen des Möglichen und in der Absicht, es beim nächsten Mal besser zu machen und an wirklich alles zu denken.

Das Gewölk ist vielschichtig und komplex, seine Dynamik undurchschaubar. Sie lässt keine Regel erkennen. Ein schauriges Figurenspektakel spielt sich da am oberen Sphärenrand ab, das meine Augen fesselt. Uns Menschen degradiert es zu Winzlingen. Manchmal wirkt es so, als schwenke eine übergeordnete Macht einen gigantischen Scheinwerfer über das Malfontal. In großem Radius kreist er über das stadionrunde Gepräge. Wie ein Spot, der einen Kegel aus Lichtstreifen zur Erde schickt, auf das düstere Relief und den Kamm gegenüber. Ihn krönt der Strahlenkranz mit einem geheimnisvollen Schein.

Am Sattel zwischen Kleinem und Hohem Riffler bietet sich ein Blick hinüber zur Nordflanke. Hinein in den Schnee, der unmittelbar hinter der Kante liegt. Hinab auf den Pettneuer Ferner oder vielmehr dorthin, wo er sich laut Karte einstmals ausdehnte. Kurzum auf das, was von ihm übrig ist.

Es sind meine letzten Schritte zum Höhepunkt. Allseitig geistern Wolken umher. Das Panorama ist schemenhaft. Beinahe buchstäblich verkürzt sich mein Aufenthalt zu einem Moment. Ein Eintrag ins Gipfelbuch, ein paar Mal rundherum geschaut, dann mache ich die Fliege.

Zügig steige ich der Wirtlichkeit entgegen, meiner Nase, meinen Ohren und vor allem meinen Händen zuliebe. So mühevoll, wie der Anstieg war, so leicht tänzelt es sich förmlich bergab. Bloß ohne Stöcke geht es nicht, will ich nicht. Wo auf steilem Geröll weder Fels noch fixer Stein den Füßen sicheren Halt bieten, ist die Gefahr auszurutschen am größten. Schöner zu begehen ist das Blockgestein, sofern es vom Grund nicht wie Kraut und Rüben in alle Richtungen absteht. Schwarze Fugen lassen auf tiefste Löcher schließen. Welche Wohltat, endlich wieder in gemäßigte Zonen zu gelangen!

Wachsen tut hier oben wenig, kaum etwas blüht. Ein paar weiße Blättchen in einer Felsritze setzen einen botanischen Akzent. Eine Art Steinbrech oder so. Was die Fauna betrifft, macht einzig ein Kolkraben-Paar von sich reden. Dunkel und schwermütig krächzen die zwei in den kühl durchfegten Raum, ein paar Mal, dann segeln sie über einen Grat davon.

Bemerkbar ist sonst nur der Sturm, je nach Hanglage in aller Deutlichkeit. Fürs Erste. In tieferen Gefilden vernehme ich reizendere Zwischenklänge. Helle Töne wie Piepser.

Sie mögen einem Singvogel entfahren, der die Höhe liebt. Oder einem solchen, der sich hierherauf verflogen hat.

Der Stein, auf dem ich sitze, ist hellgrün gefleckt, wie die meisten Einsprengsel auf dem schrofigen Areal. Sie präsentieren sich im Einheitslook. Gelbe bis olivgrüne Landkartenflechten heitern ihre gräuliche Grundstimmung auf. Ob ringsherum Gras oder Fels überwiegt? Beide dürften sich in etwa die Waage halten.

Der zurückliegende Pfad durchzieht eine lehmfarbene Schneise. Nun schwächt sie sich zu einer seichten Stufe ab. Auf dieser ruht ein Wasserauge, aus dem ein schmalspuriger Ablauf gen Hütte rinnt.

Von diesem Ort, rund hundert Meter oberhalb der Herberge, blicke ich zu dem langen Kamm jenseits des Tals hinüber, dem Kamm von Rendlspitze, Riffelspitze und Kreuzjochspitze mitsamt ihrer Ausläufer. Sie alle tragen bodenlange Kargewänder. Zeitweilig werden sie von der Sonne beäugt, sie leuchten dann verhalten grün.

Mein Terrain hingegen fristet ein Schattendasein. Ein ungebrochenes? Kurzerhand sehne ich mich auf die andere Talseite hinüber. Möchte etwas abhaben vom sonnigen Kuchen, der heutigentags mickrig ausfällt. Will wenigstens ein paar Sekunden Wärme spüren auf meiner Haut, an meinen Fingern, denen Böen wiederholt zusetzen.

Plötzlich tut sich ein Spalt im Gewölbe auf. Gütige Lichtblicke dringen durch, kommen zum Vorschein, und mein Wunsch, der eben unbedingt erfüllt sein wollte, verfliegt. Ein Ereignis mit Pointe: Die scheinbar begünstigte Seite ist nun von wankenden Wolkengebäuden bedroht. Wilde Ballen spiegeln sich an modrigen Hängen wider. Das Wetter der Berge, es macht, was es will, und ist zu verwirrenden Täuschungsmanövern fähig.

Im Rücken habe ich jetzt diesen erhabenen Kopf, den ich beim Aufstieg für *meinen* Gipfel hielt. Es war ein Irrtum. Ziemlich weit oben stellte er sich heraus, zugegeben, zu meiner Erleichterung. Will man von Süden, wo die Hütte liegt und die Steigroute verläuft, auf den Hohen Riffler spähen, hält stets das Blankahorn seinen dominanten Schädel davor. Obwohl es sechzig Meter tiefer endet, ist der Weg dorthin technisch in einer anderen Liga angesiedelt.

Die Sonne hat sich inzwischen zurückgezogen. Sie hört für eine weitere Nacht auf zu sein. Am jenseitigen Kamm ist sie zerbrochen. Am Kamm, der Haupt für Haupt, Kegel für Kegel aneinanderkettet. Am schwärzlichen Grat, den im Hintergrund Felsungetüme wie die Wächter von Mordor überragen. Vermutlich thronen sie auf dem Grat und den Ausläufern der Kuchenspitze.

All dies ist nunmehr von Federwölkchen überspannt. Ihre leichtlebigen Schweife biegen sich übers Tal. Aprikotfarbene Leuchtpartikel heften sich an sie, ehe ein jedes für sich in kalt-grauer Tristesse zurückgelassen wird. Wie finster die Zirren auch dreinblicken, effektvoll bringen sie den gelb schimmernden Horizont zur Geltung, kontrastreich, bis er vergeht.

Zwei Lehren lassen sich aus dieser Tour ziehen: Überflüssige Inhalte vor dem Start am besten aus dem Rucksack nehmen, in eine Tasche packen und bis zur Rückkehr auf der Hütte belassen! Handschuhe sollten im Hochgebirge immer dabei sein, andernfalls mögen sich die Hände am Körper wärmen. In kälterer Not gilt der Rat: umkehren!

Als Räume des Tages erwiesen sich das Blocksteingelände oberhalb des Riffler-Sattels, der unberechenbar umwölkte Gipfel des Hohen Rifflers sowie die flache Hangstufe mit dem eingebetteten Wasserauge.

3. Tag: Edmund-Graf-Hütte – Niederelbehütte

Mittwoch, 18. September

Als ich aufbreche, sind die Holzschindeln schon zum Leuchten gebracht. Kraftvoll hat sich die gnädige Sonne zurückgemeldet, wie erwartet, wie erhofft.

Nach einem Plausch mit der Wirtin starte ich zur ersten Etappe, von Hütte zu Hütte, von Berghaus zu Berghaus. Die Niederelbehütte soll in vier bis fünf Gehstunden zu erreichen sein. Der Zeitaufwand ist also überschaubar und lässt Luft, um den einen oder anderen Naturraum intensiver zu erfahren.

Während ich gestern von Norden auf dieses Gelände voll grauer, brauner und rostfarbener Töne schaute, war die Pfadkontur deutlich erkennbar. Gut nachvollziehen konnte ich folglich die Zickzacklinie, der ich hier und jetzt nachsteige. Dieser sogenannte Rifflerweg liegt zu dieser Vormittagsstunde im Schatten.

Wer aufmerksam durch die Landschaft stiefelt, kann wundersame Phänomene der Erde entdecken. Eine besondere Spezies führte mir ein gedruckter Pflanzenführer vor Augen, den ich am Vorabend durchblätterte. Neben Baumbart, Landkartenflechte und Isländisch Moos war die Rentierflechte in dem Bändchen abgebildet, ein Gewächs mit Schimmelkolorit.

Ihre zarten, silbrig-weißen Stämmchen verzweigen sich strauchartig. Jeweils mehrere Zweiglein gemeinsam sind an den oberen Enden zu Kuppeln oder Halbkugeln gewölbt. Flechten dieser Art werden in großem Stil in Skandinavien gesammelt und als Dekoration für Modelleisenbahnen, Weihnachtsschmuck und Grabgestecke verwendet. In der hiesigen Umgebung sind sie zwischen niederwüchsigen Pflanzen im wahrsten Sinne des Wortes eingeflochten.

Der Ausblick ist weitreichend. Weißer Schaum quillt aus dem Malfontal wie dem Stanzer Tal weiter draußen. Nein, Dampf steigt aus beiden auf, und die Rauchschlangen gehen fließend ineinander über. Die Täler sind zu einer riesigen Open-Air-Badewanne vereint, vollgefüllt mit Schaum sehr spezieller Art. Verlockend warm wirkt er und verführerisch weich. Wäre es nicht fantastisch, mit Anlauf hineinzuspringen und in ihm zu versinken, ja darin abzutauchen? Zu fantastisch ist diese Vorstellung, um sie wahr werden zu lassen. Besser bleibe ich fasziniert davon in diesem Felsenkabinett sitzen, in das mich der Steig hinein geleitet hat.

Es ist ein Gang von vielleicht zwanzig Metern Länge. Mauern aus zahllosen Steinlagen schotten ihn von seinem Umfeld ab. Grün-ovale Blättchen spitzen vereinzelt aus den Fugen hervor. Beiderseits reichen die rauen Wände bis über meinen Kopf. Steinmandln sind auf ihnen errichtet, Männchen aus Platten und dickeren Brocken.

Endlich liegt das Schattenreich hinter mir, und die Sonne wärmt mir um halb zehn wohlig den Rücken. In gerader Linie strahlt sie zur östlichen Pforte herein. In ein Kabinett, das Landkartenflechten mit einer gelbgrünen Tapete schmücken. Zum Dank dafür, dass sie sich in dem Mauerwerk einnisten durften, auf dem sie offenkundig ein Wohlfühlklima vorfinden.

Die Wandschichten sind sorgsam übereinander geordnet. Sie offenbaren einen Querschnitt des Bodenaufbaus. Millionen Jahre Erdgeschichte decken sie auf. In versteinerter Form liegt sie bloß.

Dabei wirkt der separierte Gang auf seine Weise heimelig. Er ist nachhaltig beheizt, schützt und birgt eine exotische Stille – pure Stille. Umso mehr fällt dies auf, als sporadisch eine Stimme hereinhallt. Irgendein Piepen oder Zilpen, das froh und munter klingt. Es bleibt eine Ausnahme. Verebbt es, kehrt wieder Stille ein, totale Stille.

Ruhig, fast statisch qualmt das kosmische Schaumbad zu meinen Füßen vor sich hin. Auch nach einer Stunde zeigt es nicht den Hauch einer Auflösungstendenz: Keine Lücke und kein Bläschen zeichnet sich ab. Es muss ein sehr stabiler Schaum sein, der diese Täler füllt. Wie lange noch wird er der erweichenden Wärme standhalten? Es erscheint mir so, als hätte man die Fugen zwischen den Bergkämmen mit Silikon ausgegossen und ihm die Optik einer flauschig-cremigen Masse verpasst. Schön fürs Auge, perfektes Hautfeeling und ewig verfügbar. Was für ein blendendes Traumbad!

Durch die westliche Pforte trete ich ins Freie. Ich lasse einen außergewöhnlichen Raum hinter mir und mache mich auf den Weg Richtung Schmalzgrubenscharte. Ein letztes Mal schaue ich auf die besonnten Schindelwände im Mahagoni-Nussbaum-Look des einen und das glänzende Dach des anderen Hüttentrakts und ersinne währenddessen ein leises Danke für das Nachtlager und dafür, zwei Tage lang gut versorgt worden zu sein. Im selben Moment haucht ein vorübersegelnder Kolkrabe das wohl sanfteste Krächzen aus, zu dem er anatomisch in der Lage ist. Als wollte er mir beipflichten und zuflüstern, dass ich ein willkommener Gast gewesen sei. Ich wende mich ab und steige weiter.

Die Edmund-Graf-Hütte ist von da ab nicht mehr zu sehen. Überraschend wartet gleich hinter der nächsten Kurve eine zauberhafte Besonderheit. Eine Augenweide, ganz und gar still, taucht jenseits einer Bergnase auf. Schweigsam verweilt dort das Wasser des kleinen Schmalzgrubensees. Eingefärbt in eine Tönung, die eigens für ihn ersonnen wirkt.

Ein exklusives Gemisch aus Blau- und Grüntönen, dem Nuancen einer chemischen Reinigungsessenz innewohnen. Künstlich kreiert, aber natürlich schön verleiht es dem See ein Schillern zwischen Perlopal und Petrol.

Ich stelle mich ans Ufer, richte den Blick auf das farbgetränkte Feld, stehe reglos. Kaum merkliche Woglein rollen scheinbar auf mich zu, im Tai-Chi-Tempo, lautlos und langsam, von keiner Böe beschleunigt, ungestört von innerer Bewegung, gleichmütig. Gänzlich stimmig mit dem Dasein dieses Winkels, der so entlegen ist. Es gleicht einem ewigen Schweigen. Ich höre nichts, sehe nichts, fixiere nur das satte Petrol. Petrol – Petrol – Petrol ...

Irgendein Piepvögelchen flattert auf einmal über den See. Es stülpt ihm eine komplementäre Klangfarbe über. Sie übertönt die Sphäre des Schweigens. Eine Irritation. Eine kurze Sequenz. Ich schaue auf und bewundernd auf die solitäre Erscheinung. Sie setzt eine Zäsur in der Petrol-Meditation. Eine flüchtige Abweichung, auf die neuerlich eine Phase stoischer Ruhe folgt.

Dann gehe ich am Ufer entlang südwärts und gewinne eine neue Perspektive vom See. Das Wasser erscheint plötzlich tiefbraun bis schwarz, so dunkel wie Moorwasser. Spiegelungen von Grasbewuchs und flechtenüberzogenen Felsen hauchen der Torftönung Lebendigkeit ein. Die eingestreuten Kontraste erzeugen Ausgewogenheit.

Nahtlos schließt sich ein Felsentheater an, ja der See ist ein Teil davon. Ein abgeschatteter Raum mit steilen Rängen und einem Parkett, das mit flachen Splittern über und über beladen ist. Dort, wo man die Bühne verortete, dehnt sich ein Restschneefeld aus, in einer Lage, die so gut wie nie einen tauenden Strahl abbekommt. Da kann gewiss nichts gedeihen, mag einer leichtfertig annehmen, wenn er achtlos durchs Gelände eilt. Tatsächlich finden sich neben Pflänzchen wie Steinbrech und Alpen-Hahnenfuß Bodendecker wie Moose und Flechten. Ihre grünlichen bis silbrig-weißen Fasern zieren den rötlich-gräulichen Grund.

Ich sehe links zu dem namenlosen Theaterwächter hinauf und frage mich, ob er all die Trümmer abgeworfen hat, die in feine Plättchen zersplittert überall herumliegen. Und in welchem Zeitraum dies geschehen sein mag. Bestimmt hat es Jahrtausende gedauert, bis dieses Halbrund so geformt und alles darin so arrangiert war, wie es dieser Augenblick präsentiert. Ein Augenblick, der kein bleibender ist, sondern nur eine Momentaufnahme von einem unendlich trägen Ort. Jedes Plättchen, und sei es das winzigste, das dem Raum zugefügt oder entnommen wird, verändert ihn minimal. Nichts bleibt so, wie es ist. Auch die so beständig scheinende Bergwelt ist einem permanenten Wandel unterworfen.

Apropos Bergwelt: Der trügerische Badespaß in den Tälern hat jäh geendet. Aller Wolkenschaum hat sich buchstäblich in Luft aufgelöst. Das Creme-Bad ist abgelassen. Dunstbällchen schwindender Größe schweben allenfalls über den Fugen. Über zwei Bergspitzen thronen rußfarbene Rauchfahnen. Diese wehen nicht, sie ruhen. Kurzum, der Traum von einem Bad ist geplatzt.

Bald schon soll ich dafür Eindrücke gewinnen, die verschieden zu den bisherigen sind. Der Bildwechsel findet an der Schmalzgrubenscharte statt. Schlagartig wird dort das Verwall südlicher Prägung einsehbar. Auf den letzten Metern zur Schwelle fliegt abermals ein Bergpieper über das stumpfe Schotterfeld. Ihn umgarnt die Aura des Besonderen, welcher er drüben entbehrte.

Eine Scharte ist wie ein Tor in einen anderen Raum. Manchmal steigert es sich gar zum Übergang in eine neue Welt. Die Bergwelt gestaltet sich hinter ihm anders als davor. Zwei gegensätzliche Räume trennt und verbindet auch die Schmalzgrubenscharte. Ein markanter Geländepunkt, eine offene Pforte, flankiert von einem Pfeiler aus hoch aufgeschichteten Steinplatten.

Ansichten von Samnaun und Silvretta lösen den schon gewohnten Blick auf die Lechtaler ab. Im Norden überwog meditative Stille, eingebettet in eine Felslandschaft, andächtig und karg. Lebensfreude, bunt und ungezähmt, dominiert den südlichen Raum. Sie zeigt sich in grasbewachsenen, blühenden Hängen, an denen Vögel und Tierchen ihren Seltenheitswert verlieren.

Ein Allerlei der Insekten und Reptilien kreucht und fleucht in alle Richtungen. Achtsame Tritte und konzentriertes Schauen sind Pflicht. Dicht vor und neben mir flattert, hüpft und krabbelt es. Grün schillernde Käfer hier, kleine Falter dort, und da eine Eidechse, die wieselflink zwischen meine Füße huscht. Ich bin vor einem Versehen auf der Hut. Ein einziger unaufmerksamer Schritt, ist so ein Grashüpfer leicht zertreten, wenn er dem Tod nicht geschwind genug von der Schippe springt.

Ein gelbgrün verzierter Felsblock, so groß wie ein Megalith, setzt den zentralen Akzent in einer ausladenden Bucht. Als Bucht würde der halbkreisförmige Raum bezeichnet, läge er mit Wasser befüllt am Meer. In einer Million Jahren vielleicht oder zwei könnte dies zutreffend sein. Oder dank des Klimawandels schon früher? Als sei sie nicht durch den Hauch einer Untergangsahnung betrübt, öffnet sie sich ergeben dem Licht. Es hat leichtes Spiel mit ihr, so bereitwillig, wie sie es in ihre langen, ausgreifenden Arme schließt.

Ich setze mich und sauge das gleißende Sommerflair ein. Weit und breit findet sich kein Stein, der von zartem Glimmer unveredelt bliebe. Silbern, kupferrot und manchmal golden glitzert der Granit im Strahlenkegel der Sonne. Für die violette Schraffur der Wiesen zeichnet Heidekraut verantwortlich. Es steht in voller Blüte.

An die nach Ost und Nordost gewandten Schattenhänge hat die Flora Vertreter anders gestrickter Arten entsandt. Heidelbeeren und Alpenrosen breiten sich dort aus, und der Farn stellt seine solare Genügsamkeit unter Beweis. Alles in allem versprüht das Fluidum Freundlichkeit. Es orientiert sich am Süden.

Kamm um Kamm folgt auf meiner Pfadlinie, die sie allesamt umwindet. Schneisen aus massiven Klötzen sind zu queren, ebenso schwach strömende Bächlein. Auffallend ist die geriffelte Struktur vieler Felsformationen. Das Geriffelte verhalf dem höchsten Piz dieser Alpengruppe vermutlich zu seinem Namen.

Ein hämmerndes Donnern hallt bisweilen über jegliche Kämme hinweg. Es rührt von Helikoptern her, die unsichtbar in Erscheinung treten, denn bestimmte Täler werden als Flugschneise zwischen den Haupttälern genutzt, dem Paznauntal und dem Stanzer Tal.

Die gewellten Gegenhänge des Samnauns überzieht dünner Dunst mit einer matten Folie. Er malt ihre Ansichten gräulich bis ockerbraun.

Schließlich und endlich passiere ich die Liftanlagen. Obwohl die Niederelbehütte in Reichweite scheint, lässt die Zielgerade auf sich warten. So oft vertrösten mich Bergvorsprünge, bis ich mein Quartier förmlich herbeisehne.

Weite Strecken meines Wegs sind mit einem Klangmosaik unterlegt. Dessen Steinchen sind so lebhaft wie zahllos, und doch bleibt es meist unaufdringliches Beiwerk. Erst zum Ende der Tour hin tritt es energisch hervor. Ein forsch auftretender Wasserfall gibt mir beim Schlussanstieg Geleit. Schallend und spritzend prescht er hinab. Unaufhaltsam überrollt er die braunen Blockstufen, macht er sie glänzend wie glatt polierten Schmuck. Sie verketten sich zu einem geschliffenen Band, das mich akustisch und visuell gefangen nimmt. Erst am Sess-See, der knapp unterhalb der Hütte wogt, lässt es locker.

Über das andere Ufer hinweg schaue ich zur überragenden Rugglespitze auf. Ein Kegel von gotischer Schlankheit erhebt sich über dem See. Die Rauschkulisse ist jetzt deutlich zurückhaltender, denn das Bodenrelief verdrängt jenen Wassersturz ins Off. Sie harmoniert mit dieser hochwohlgeboren-vornehmen Figur. Ästhetisch sind beide Ausdrucksformen. Als wären sie aufeinander abgestimmt, erschaffen sie gemeinsam ein sinnbetäubendes Gemälde.

4. Tag: Niederelbehütte – Darmstädter Hütte

Donnerstag, 19. September

Ein reichhaltiges Frühstücksbuffet wappnet den Gast für den Tag. Für eine Berghütte ist es grandios, selbst versnobten Ischgl-Urlaubern sollte es taugen. Gut genährt trete ich aus dem Haus.

Die Luft fühlt sich klamm an, und die Sitzpolster der Strandkörbe sind durchnässt. In der Tat stehen an einer Außenwand zwei wuchtige Sitzmöbel, die sich in den Alpen höchst exotisch ausnehmen. Im Grunde wirken sie in jeder Region oberhalb des Meeresspiegels ungewöhnlich, denn ihr ursprüngliches Einsatzfeld ist der Strand, an welcher Küste der Welt er auch gelegen ist.

Führt man sich vor Augen, dass die Niederelbehütte, wie ihr Name anklingen lässt, der Sektion Hamburg-Niederelbe gehört, erscheint es weniger verwunderlich, dass es diese zwei Exemplare auf eine Höhe von 2000 Metern geschafft haben. Was läge näher, als einen alpinen Stützpunkt mit Dingen zu versehen, die auf die Herkunft seines Besitzers hinweisen und eine Art Heimatgefühl transportieren? Und welcher Gegenstand könnte die Hansestadt und das norddeutsche Tiefland samt Nordsee trefflicher repräsentieren als ein Strandkorb? Und Stil und Nutzen dabei so hervorragend vereinen?

Vor Wind schützt er seine Insassen in den Bergen so zuverlässig wie im Sand von Amrum, Cuxhaven oder Sylt. Um sich zum Test in einem der Standkörbe zu verkriechen und dem sonderbaren Mix von einem Tiroler Alpenmeeresbrisen-Feeling nachzuspüren, ist dieser Morgen allerdings denkbar ungeeignet.

Feuchte Kälte durchdringt meinen Körper, während ich das kurze Weglein zum Sess-See hinunter stiefele. Eine Dohle, erkennbar an ihrem schwarzen Gefieder und dem gelben Schnabel, sitzt zehn Meter unterhalb der Hütte auf einem Stein und begutachtet die Lage. Sie sieht wie ich in ein stumpfes Grau hinein, das undurchschaubar ist.

Eine Nebelwand setzt unserem Bedürfnis zu sehen eine Grenze. Sie wehrt unsere Blicke ab, sie schottet uns ab. Zu den Kämmen ringsum, ihren aufragenden Spitzen und auch zu den Tälern mit all ihrer unruhigen, den geistigen Rückzug behindernden Infrastruktur. Die Zivilisation wirkt fern. Ferner als bei guter Sicht, die uns Straßen und Siedlungen in aller Schärfe nahe bringt und daran erinnert, dass die umtriebige Menschheit gerade mal einen Felssturz weit entfernt ist.

Schallwellen scheint die Wand ebenfalls abzulenken. Geräusche, so welche aufkeimen, kommen ausschließlich aus der Sphäre des Sichtbaren. Da freut sich ein Vogel singend des Morgens, obgleich das Standbild womöglich auch in seinen Äuglein trüb und trostlos wirken mag. Einzig der nahe Wasserfall rauscht als leises Tonband ins Rauminnere herein. In diese softe Hülle mit ihren verschwommenen Grenzen, die sich mit jedem Schritt umbildet, mit jedem Blick weitet oder verengt.

Urtümliche Blockhalden lagern am Ufer. Der Oberflächen zahlloser Steine haben sich schwärzliche Flecken bemächtigt. Verrottende Moose und anderer Felsbewuchs drücken Vergänglichkeit aus. Nur ein kleiner Teil der Trümmer ist von Landkartenflechten besiedelt und mit deren typischen pointilistischen Mustern verziert. So fehlt es diesem Ort an aufhellendem Grün, das Steinwüsten ihre Eintönigkeit nimmt.

Zum See hin wandelt sich das Kolorit. Braune Nuancen mit Violettstich werden dominanter. Halbtransparenter Dunst mattiert das Wasser oliv. Der fahle Anstrich in gedeckten Tönen gaukelt uns eine Szene vor. Er übertüncht die Pracht einer anderen, farbenfrohen Wirklichkeit, ja er verleiht der Landschaft eine Ausstrahlung, als sei sie tot. Alles erscheint geschwächt, verblichen.

Ein Schwarm Piepvögelchen lässt sich von der lethargischen Stimmung nicht bremsen. Sie jagen einander über den Wasserspiegel, dann tänzeln sie auf den Splittern der Uferzone. Klammheimlich öffnet sich derweil der Schleier. Gleich einem Bühnenvorhang wird er, ohne dass ich es merke, auf eine luftigere Ebene gezogen, wo er vermeintlich verharrt. Doch der Schein trügt. Jeder Augenblick formt das diesige Gebilde um, da Luft stets in Bewegung ist, wie uns die Wolken veranschaulichen.

Unter dem Store macht sich jetzt ansatzweise Heiterkeit breit. Sie erfasst den See, seine brüchigen Konturen und lässt das Gelände greifbarer werden. Die nasse Fläche wird zusehends kontrastreicher. Farbecht gibt sie ihr Umfeld wieder, das unter dem Behang zutage tritt. Den getönten Schutt wirft sie zurück und die tausend Nuancen der Grasmatten. So realistisch, dass sie einem Foto gleicht. Doch das Bild ist kein bleibendes. Schwebend zieht es vorüber.

Neige ich meinen Hals um ein paar Grat nach hinten, sehe ich in ein weich gerändertes Nebelfenster. Die Rugglespitze zeigt sich darin. Ihr felsiger Korpus, umwölkt von einer Aura des Geheimnisvollen, erscheint rudimentär. Von Moment zu Moment zeichnen sich andere Partien ab, werden Ausschnitte, die gerade eben sichtbar waren, in Dunstfetzen gehüllt. Geisterhaft wechseln die Fragmente Umriss und Form.

Ich senke meinen Kopf, richte die Augen auf das Papier und schreibe. Worte, die mir beim Anblick der bizarren Atmosphäre in den Sinn kommen. Gedanken, die mein bloßes Sein in ihr auslösen, denn ja, ich bin ein Teil von ihr.

Einige Schriftzüge später setze ich den Stift ab, schaue auf, und siehe da: Der Teich ist verschwunden. Unvermutet liegt er hinter dicken Nebelbahnen verborgen. Die Natur hat sie schleunigst herabgelassen, still und heimlich, wohl um mir zu beweisen, wie unberechenbar sie ist und wie sie uns Menschen mit ihrem unkalkulierbaren Treiben stets aufs Neue zu überraschen vermag. Bloß die Ufersplitter geben sich in ausgeblichenen Gewändern zu erkennen. Blasser als zuvor schimmern die Male der Felsblöcke bordeauxrot oder schwarzgrau und seltener lindgrün. Das anhaltend klamme Feeling scheucht mich fort. Ich breche auf Richtung Seßladjöchli.

Auf einem seichten, schmalen Kamm steige ich durch das sanfte Hochtal des Seßladbachs. Ein schmuckes Band zieht meine Blicke von Beginn an in Bann. Glanzvoll windet sich das Bündel aus Silberbändchen durch die Landschaft, die so verwunschen ist wie der Bach. Der birgt wahre Special Effects: Im Schwarzbraun einzelner Abschnitte und Ärmchen ist ein Violettstich wahrnehmbar. Bordeaux- bis rostrote Steinplättchen belegen dort den Grund. Ihr Farbspektrum bricht sich im Wasser und gelangt als verwässerter Ton an die Oberfläche.

Das Kämmchen deutet eine Zweiteilung dieses gewaltigen Raumes an. Beide Hälften dehnen sich, so weit sie können, bis sie ein mächtiges Rondell in die Schranken weist. Großzügig schließt sie der Grat in einem weiten Bogen ein. Erhabene Köpfe reihen sich Spitz an Spitz, Kreuzjochspitze an Madaunspitze, Seßladspitze an Breiter Kopf. Die Vormachtstellung der Rugglespitze ist dabei unübersehbar. Als wollte Ihre Majestät ihre Position untermauern, ruht ihr Haupt auf einem ranken Hals. Als Insigne monarchischen Stolzes trägt es eine abgeflachte Spitzkappe zur Schau.

Seit Urzeiten beäugt die Wächterin über das Tal alles, was zu ihren Füßen geschieht: wie wilde Gebirgsbewohner durch den Raum tappen und kriechen, springen und fliegen; wie Bergsteiger auf ihrer Etappe einen Fuß vor den anderen setzen und Atemzug für Atemzug den Odem der Berge einsaugen; wie der quirlige Bach mal strömend, mal plätschernd abwärts drängt und niemals versiegt; wie Schnee sich Flocke für Flocke anhäuft und Monate später Millimeter für Millimeter schmilzt; wie das Wasser versickert und der Regen Tropfen für Tropfen den Boden tränkt; wie der Saal im warmen Sonnenschein grünt und erblüht, ehe er welkt und alles vergeht; wie ferner Mensch und Tier dem Winter die kalte Schulter zeigen und das Weite suchen, bevor ihnen Väterchen Frost auf den Pelz rückt.

Farblich hebt sich die Rugglespitze kaum von ihren Gefährten ab. Die illustre Runde leuchtet quasi aus sich selbst heraus. Ihre reife Haut glimmt kupferrot. Der furchige, faltenreiche Kokon mit seiner über Jahrmillionen gewachsenen Grauschicht schützt und spiegelt Weisheit und Lebenserfahrung wider. Ein milder Glanz liegt auf der Felsenfassade. Er gleicht dem innigen Leuchten auf dem Gesicht betagter Herrschaften, welche friedvoll und dankbar auf ihr Leben schauen, wie erfüllt und gesegnet, wie entbehrungsreich und schmerzhaft es auch gewesen sei. Anmut und Würde liegen in diesem Leuchten. Allzeit aneinandergekettet leben die Gipfel in ewiger Verbundenheit.

Der Begriff Flechten weckt tendenziell Assoziationen von der unangenehmen Sorte, wozu die weniger attraktive

Lautkomposition beiträgt. Der Klang der Zeichenfolge mutet dissonant an. Etwas Unschönes, Verfängliches wohnt ihrer Melodie inne. Ein Zauber, nach dessen Regellosigkeit sich das Gewächs ungezügelt ausbreitet, es die Erde fesselt, Steine in Beschlag nimmt und selbst engste Winkel knebelt. Es erscheint so unerwünscht wie Schimmelpilze.

Beiden Spezies haftet schon wegen ihrer unvorteilhaften Namen per se etwas Schädliches, ja Abstoßendes an. Wir würden ihnen rein gar nichts abgewinnen, wenn unser Auge nicht um ihre optischen Vorzüge wüsste: Flechten haben das Zeug zum Landschaftsornament. Das olivgrüne Kolorit der Landkartenflechten, ein helles Grün mit gelbem Einstich, prägt Felsensälen eine impressionistische Stilnote auf. Auch diesen Raum, der vor Einheitsgrau verdirbt, stimmt es fröhlich, obgleich er vom düsteren Wetter gezeichnet ist. Gut als Zierde machen sich auch Rentierflechten. Ihr Mäntelchen lässt den Boden zwischen silbrig-weiß und grünlich changieren.

Die stetig ferner rückende Niederelbehütte zeichnet sich als mumifiziertes Rechteck ab. Dichte Dunstfäden umgarnen sie, dicker Flaum umhüllt sie. Quicklebendig geht es in meiner unmittelbaren Nähe zu. Da hüpft ein Insekt vor meinem rechten Fuß auf ein Graskissen und bringt sich so gerade noch in Sicherheit. Vor meinem Fuß, vor meinem Tritt, vor meiner Unachtsamkeit.

Bald sind die Felsgewänder weniger farbenfroh. Die hellgrünen Flechten, oft gepaart mit jener schwarzfleckigen Erscheinungsform, machen sich weiter oben rar. Ob es an der Feuchte liegt, die sich in den Niederungen staut? Daran, dass Flechten die untere Etage dieses Raumes bevorzugen, weil der Nebel diese häufiger heimsucht? Die Widerspenstigen benötigen immerhin feuchte Luft, um zu gedeihen.

Das Gelände wirkt ausgetrocknet. Jeder Stein ist von der Sonne gebleicht und mit einem feinen Glanz überzogen. Da schlängelt sich doch glatt eine grüne Raupe über das raue Pflaster. Wo die bloß hin will? Was die hier verloren hat? In dieser unwirtlichen Zone, wo es nicht eine saftige Pflanze gibt, um sich an grünen Blättern satt zu fressen. Es ist schon erstaunlich, wer und was einem auf dieser Höhe begegnet. Empfindliche, filigrane Lebewesen, denen man das Überleben unter all den grobschlächtigen Klötzen nicht zutraut, machen ihre Aufwartung: Käfer und Raupen, sogar ein Weberknecht kommt unvermittelt dahergestakst.

Bald stoße ich auf eine Geländekante. Auf ungeordnet herumliegenden Blöcken steige ich über die sachte Schwelle hinweg in eine Mulde ein. Die Natur höchstselbst hat den abgesenkten Raum entworfen und in einer Äonen währenden Entwicklungsphase erschaffen. Er mag schätzungsweise zweihundert Meter lang und fünfzig Meter breit sein und ist von einem circa zehn Meter hohen Hang umschlossen.

Meine Augen schweifen rundherum und fangen ein, was die Umgebung hergibt. Schotter ist vorerst das Einzige, was ich wahrnehme. Ein Feld aus Schotter, endlosem Schotter. Bis oben hin ist das separierte Terrain von rohen Bruchstücken gesäumt. Lediglich ein Fleckchen scheint ausgespart. Ein weißer Teppich, kaum größer als ein Läufer, ist an seiner Stelle auf dem Boden ausgelegt. Das Überbleibsel der letzten Schneeperiode ist frei von Gebrauchsspuren. Gebremst von herbstlicher Kälte schmilzt es zäh vor sich hin. Nachts pausiert und verharscht es. Tagsüber schrumpft es gebrechlich dem Nichts entgegen, so lange, bis ihm der nahende Winter endgültig Einhalt gebieten wird.

Jeden Quadratmeter des klotzigen Bodens wird er dann zudecken, alle Spalten verfugen und der Sonne damit ein riesiges Arbeitspensum aufbürden. Schwach im Frühling und mit aller Macht im Sommer versucht sie jedes Jahr aufs Neue ein Werk von solcher Masse rückgängig zu machen. In einem Prozess, der Monate dauert, löscht sie, was der Winter in Rekordzeit vollbracht hat.

Diese Mulde bildet eine offene Klause unter dem Himmelszelt. Ich wähne mich so abgekapselt wie in einem Raumschiff, so losgelöst von der Erde wie an einem überirdischen Deck. Eine Weile zeitloser Stille vergeht. Eine Weile des Schweigens, aus dessen unermesslicher Tiefe ein bebendes Signal auftaucht. Das Echo eines rotierenden Propellers, das von Felswand zu Felswand schmettert. Im Takt hallen die Donner ins Separee herein, sie machen einen Klangraum für ein monotones Hörspiel aus ihm. Lang anhaltend lauter, allmählich leiser werdend, schwellen sie bis zur Unhörbarkeit ab.

Vage lassen sie die Flugroute erahnen. Wie der Helikopter in trägem Tempo anschwirrt, dann abschwirrt und wieder hinter einer Barriere verschwindet. Das Donnern verebbt. Sein Hall verstummt. Minuten später ist es so still wie zuvor. So leise, wie es gewesen war, ehe der grollende Wirbel über die akustische Bühne polterte. Allein das Wehen eines Windhauchs verbleibt, bis ihn absolute Stille übertönt. Wieder herrscht Schweigen. Kosmisches Schweigen. So still muss es im All sein.

Selbst auf ein Piepsen warte ich vergebens, womit andernorts manches Vöglein seine Anwesenheit verkündete. Ich komme mir vor wie das einzige gelenkige Element inmitten einer erstarrten Wüste, in der alles hart und bewegungslos ist. Ihre stoische Haltung überträgt sich auf mich. Während ich auf einem Felsblock sitze, ergründe ich ihr meditatives Potenzial. Ruhe steckt an. Sie greift um sich und berührt mich. Sie strahlt sogar auf die Rondellwächterin aus, die wohl als einzige von außen Einblick in diese Schale voll Schotter hat.

Im Zuge meines Voranschreitens hat die Rugglespitze ihre Ansicht um ein Viertel gedreht. Von Norden betrachtet tritt das geriffelte Profil auffälliger hervor als zuvor. Es lässt den Bergkorpus massiver und kompakter erscheinen. Die majestätische Gestalt nimmt sich gleichsam behütender aus.

Ein hauchzartes Schwädchen schwebt in die Mulde herein. Während die Täler noch heftig qualmen, strahlt auf das Alpenobergeschoss längst die Sonne herab. Sie schenkt mir freie Sicht auf den Samnaun-Kamm mit seinen braungrauen bis modergrünen Konturen.

In der hiesigen Trümmerwanne macht totales Grau jeglichem Grün den Garaus. Das Krachen und Kullern eines Felssplitters bleibt ein singuläres Ereignis. Fürs Erste. Was für eine archaische Landschaft, in die mich dieser Morgen entführt!

Bedächtig setze ich meinen Gang durch die Kammer fort. Ihre Abgeschiedenheit weist uns den Pfad zu unserer persönlichen Klause, dem heiligen Raum in uns, in dem wir dem Kern unseres Wesens begegnen. Atmend, tönend, schweigend.

Nur für eine Sekunde unterbricht ein karger, dumpfer Laut neuerlich die Schallarmut. Einer meiner Tritte rief ihn hervor, als er einen Block auf den Nachbarklotz kippen ließ. Welch ein archaisches Geräusch! So eintönig und reduziert und gerade deshalb so ausdrucksstark. Millionen Jahre Erdgeschichte stecken in diesem einen Klang. In einer einzigen Weltsekunde hat er sie hörbar gemacht.

Später gewahre ich das Klangbild von einem Plätschern. Von einem dunklen Plätschern aus der Tiefe, das bis an die

48

Oberfläche schwingt. Sein Profil weist auf eine verborgene Quelle hin. Von uraltem Gestein verschüttet speist sie das Äderchen, das ihrem Schoß entspringt und unsichtbar seinen Weg nimmt, bis es irgendwo aus dem Untergrund heraustritt. Sie selbst bekommt das Licht nie zu Gesicht, weil kalte Steinungetüme es ihr seit jeher vorenthalten. Herzerfrischend wirkt sie dennoch, ihre Sprache ist rein und klar. Detailreich teilt sie ihr Gurgeln und Blubbern, ihr Rinnen und Röcheln mit.

Ein paar Meter weiter verebbt das wässrige Organ. Es weicht jenem Schweigen, das ich die meiste Zeit über erfahren durfte, die ich nun schon in dieser puritanischen Kammer zubringe. Jedes Gespür für Zeit ist abhanden gekommen. Es fehlt an Begriffen, um sie zu beziffern, sie in Minuten oder Stunden anzugeben. Zeit ist keine Kategorie. Sie existiert nicht mehr.

Alles in dieser Öde ist auf das Minimalmaß reduziert: die Stoffe, ihre Farben und Formen, die Vielfalt an Reizen. Alles Sein konzentriert sich auf einen stillen Moment, und so er eintritt, mutet er endlos an. Stille und Zeitlosigkeit sind eins, sie kennen weder Anfang noch Ende, und die Dimension der Dauer ist ihnen fremd.

Ein von Stille getragener Moment währt ewig, wenn weder Propeller noch Piepvögel eine Zäsur setzen. Jedes Lebewesen, das diesen Boden berührt, befällt unweigerlich ein Gefühl der Zeitlosigkeit. Im Bann solchen Empfindens durchschreite ich den oberen Muldenausgang. Ich lasse einen verschwiegenen Winkel hinter mir.

Ursprüngliche Stille ist auch außerhalb der Schotterschale vorherrschend. Erst an den steileren, zum Grat hin strebenden Hängen wird sie von Gesangseinlagen eines Vögelchens durchkreuzt. Der Anstieg zum Seßladjöchli verläuft auf bröseligen Böden. Bei unzureichendem Griff der Sohlen könnten sie Zweibeiner leicht ins Rutschen bringen.

Intensive Färbungen prägen den großzügigen Raum namens Saum, der sich am Jöchli zur anderen Seite auftut. Ein Nordausläufer der Saumspitze zieht von Süden circa mittig in ihn hinein. Am östlichen Fuß dieses Raumteilers, unterhalb des Kartellkopfs, hat sich auf einer eigenen Etage eine halbkreisförmige Kammer ausgebildet. Ein nach Norden offenes Separee, worin der Kartellsee eingelagert ist. Eher handelt es sich um einen Teich in annähernd rechteckiger Form. Um ein prächtiges Becken, das gefüllt ist mit Flüssigstoff in Türkis. Mit koloriertem Wasser, wovon eine geringe Menge kontinuierlich entrinnt und in einem weißen Strang gefährlich straight eine kolossale Felskaskade hinabstürzt.

Auf der Landeebene sammelt es sich in einem Wasserauge. In Bächlein zerfasert fließt es weiter auf den nach Westen versetzten, ein paar Hundert Meter tiefer gelegenen Kartellspeicher zu. Auf eine durstige Zunge, die um ein Vielfaches voluminöser ist als jenes Seelein und unaufhörlich nach Frischwasser lechzt. Oder, in Farbtönen gesprochen, auf ein kräftiges Türkis, das so gigantisch wie gefräßig ist. So unersättlich wie meine Augen, die in ihm einen harmonischen Ruhepol finden, ein liquides Juwel. Sein brillanter Zauber zieht sie magisch an. Sie weiden sich daran, wenden sich trunken vor Farbe ab und erliegen ihm erneut. Meine Blicke gieren danach, wollen es aussaugen, auf dass sich alles Türkis in Wohlbehagen transformiert. In Glückseligkeit, wie sie nur die Natur zu stiften vermag.

Wie von selbst streben meine Füße dem mächtigen Farbspeicher entgegen. Sprichwörtlich blind folgen sie dem mäandernden Pfad. Östlich vom Joch dominierte vegetative Leere, diesseits führt die Zickzacklinie über grün schraffierte Hänge. Feldweise wächst das Gras zu gerundeten Kissen, einzelne Flächen sind mit langstieligen Disteln bestückt.

700 Höhenmeter trennen das Jöchli vom Stausee. 700 Höhenmeter Raum, um visuell in vollkommenes Türkis einzutauchen. Der Sog ist enorm. Türkis flutet mein Bewusstsein. Türkis berauscht mich. Türkis spielt sich zur Wegmarkierung auf, ja es verblendet so sehr, dass ich die rot-weißen Anstriche in der anschließenden Schotterwüste außer Acht lasse. Sie sind ohnehin dünn gesät. Oft zeigen sie sich erst, nachdem meine Augen weit reichende Rundflüge über die graue Wildnis unternommen haben.

Die Blöcke sind alles andere als fußgerecht arrangiert. Sie bilden keinen gangbaren Steg, vielmehr zeichnen sie eine sehr vage Linie vor, die ich mir im Detail selbst suchen muss. Unabdingbar ist es, den jeweils nächsten Farbanstrich zu erhaschen und als Zwischenziel im Auge zu behalten. Leichter gesagt als getan. Ab und zu verliere ich die Orientierung, mit der Konsequenz, dass mein Blick und meine Beine im Gelände umherirren, das so zu einem idealen Trainingsraum für die eigene Aufmerksamkeit wird.

Eine von allen Vierbeinern verlassene Almweide löst den Trümmerboden ab. Sie ist zertreten und durchlöchert und im späten September verwaist. Was da weit unten als plan gestrichene Platte erscheint, ist weder synthetische Masse noch eingefärbtes Eis, sondern ein blank polierter Wasserspiegel. Je näher ich dem Stausee komme, umso einnehmender und ungreifbarer gebärdet er sich. Ein Faszinosum in Türkis.

Als ich es nach einer Folge konzentriert ausgeführter Schritte wieder einmal ins Visier fasse, wirkt die Kraft der farblichen Anziehung stärker als je zuvor. Über und über ist mir türkis vor Augen, denn die volltönigen Partikel füllen das ganze Sichtfeld aus. Zu Myriaden betäuben sie meine Sinne.

Ich sitze auf einem Block. In die Ansicht versunken, ins Türkis vertieft, gewahre ich erste Anzeichen für sein Flüssig-Sein. Am Südende glitzert und blitzt das Becken in einer Weise, für die es einer bewegten Stofflichkeit bedarf, und sei es, dass ihre Oberfläche angesichts kleinster Wogen zittert. Es ist das Zusammenspiel von Gewässer und Licht, das jenes Zierfeuerwerk entfacht.

Der Sonnenball steht jetzt über der hinter dem See aufragenden Kuchenspitze. In ihre Flanken sind die Eisplatten des Kuchenferners eingelassen. Abflüsse, die er aussendet, weiß das Gestirn hochwertig zu veredeln. Die silbrigen Bänder steuern so natürlich wie selbstverständlich auf das imposante Türkis zu. Sein Charme betört sie wie alles, was in seiner Reichweite zu äußerer oder sinnlicher Regung fähig ist. Das Türkis steigert die magnetische Kraft der Tiefe.

Eine Sequenz aus königsblau leuchtenden Kerzen streift meinen Weg. Die komplexen Blüten der hüfthohen Pflanzen sind in einer Traube angeordnet. Als erhabenes Wiesendekor erinnern sie an Hohen Rittersporn.

Ein anderes Gewächs zeichnet sich durch steife, löwenzahnähnlich geformte Blätter aus. Dicht am Boden entfalten sie sich. Sie greifen breit um sich und krallen sich fest. Als wollten sie sich der Speisekarte niederwüchsiger Lebewesen entziehen, sind die Ränder mit Dornen besetzt. Ballförmige Körbe stecken auf den langen, kräftigen Stängeln. Am Kopf jedes Korbs stehen purpurfarbene Staubblätter gleich einer Punkfrisur zu Berge. Zierkugeln von der widerborstigen Sorte, wie sie für Kratzdisteln typisch sind.

Und hier, fünfzig Meter oberhalb der türkis Augenweide, hat das Gras die Oberhand gewonnen. Der Wind durchbläst es ohne Unterlass. Er beugt und biegt die Halme, reißt sie hoch und drückt sie nieder.

Dunkel bis bedrohlich thront über dem Westufer das Faselfadmassiv. Unmerklich, doch stetig wandert unser Zentralgestirn darauf zu. Es schwenkt von der Kuchenspitze herum, sodass sich die Lichteffekte im See weiter steigern, denn mit der Sonne im Gleichschritt dehnen sich die Glitzerpartien zur Mitte hin aus. Das südliche Becken hat sich indes zu elektrisiert anmutenden Feldern verstärkt, es ist bis zur höchsten Stufe erhellt.

Mit der Stille ist es bald vorbei. Am anderen Ufer sprengen Wasserstränge jäh zu Tal. Sie drängen ins Türkis, zischen hinein in den Schlund unbekannter Tiefe. Umgehend werden sie angepasst und in Farbe getaucht.

Schließlich und endlich lange ich selbst am See an. Ich erreiche das östliche Ufer und folge ihm entlang der Fahrstraße südwärts. Und als wäre alles nur Show gewesen, mit der man mich über Stunden bei Laune hielt, der Hochglanz der Farbe nur hinreißende Augenwischerei, um meine Sinne zu umgarnen, ist der türkis Traum mit einem Mal ausgeträumt. Schwarzblau ist sein Stoff nun getüncht. Umso schillernder kommt die funkelnde Ornamentik zur Geltung. Sie hält an, solang sich die Sonne zeigt, und vergeht, sobald dieser eine Wolke oder ein Grat in die Quere kommt.

Ich wandere fort, und sowie ich den Kopf nach rechts drehe, ist alles Blau aus dem Becken entwichen. Übrig ist eine schwarze Fläche, einzig die gläsernen Wellen stechen als Aufheller hervor. Ein Stück weiter wandelt sie sich zu einem Tuch von gräulichem Dunkelgrün. Kein Strählchen brennt ihm einen zierenden Akzent ein. Das letzte Fünkchen Hoffnung auf eine Spur Türkis verfliegt am Einlauf des Gletscherabflusses.

Von da an ist es um die Ruhe geschehen. Beim Anstieg zur Hütte entwickelt sich der Wildbach zum ständigen Begleiter. Ich verfolge das Band seines Daseins rückwärts. Vom Ort, an dem er seinen gereiften Lebenssaft an den See übergibt, bis hinauf zu den Anfängen seiner Jugend. Dabei versucht er sich in allen Bewegungsarten. Er stolpert und spritzt und windet sich irgendwie zu Tal. Er quengelt, plärrt und tobt und mutet Wanderern zu, sein Organ in allen Facetten kennenzulernen, nötigt sie förmlich, seine Stimmenvielfalt bis zur Erschöpfung zu studieren.

Unterwegs schaltet die Sonne ihr Licht aus. Vielmehr ist es die Kuchenspitze, die unserer liebsten Lampe Leuchten um mehrere Stufen dimmt. Dabei vermochte sein freundliches Wesen das brachiale Spektakel angenehm abzumildern.

Beim letzten Blick auf den See ist er gänzlich zu einem Allerweltsgewässer entzaubert. Als ein solches überzieht ihn nur mehr ein mattgrauer Schimmer.

Der laute Raum, der erst knapp unterhalb der Hütte endet, steht in Kontrast zur vormittäglichen Kammer des Schweigens. Nun aber kehrt wieder Ruhe ein. Meine Augen schweifen um das Panoramarund, das an den Westflanken nach wie vor leuchtet, während es sich diesseits abgetönt auf die kalte Nacht einrichtet.

Ein Potpourri der Räume liegt hinter mir. Angefangen bei der Nebelkammer mit den impressionistischen Flechtengemälden über die abgeschottete, wüste Trümmermulde, die meditativen Klausen und den Traum in Türkis bis zu jenem finalen Fortissimo und dem ausgleichenden, leisen Abendflair. Ich leere meine Wasserflasche, halte inne und höre, wie mir ein Piepvogel zwitschernd einen Willkommensgruß entbietet. Ich werde mich kaum verhört haben.

5. Tag: Darmstädter Hütte – Friedrichshafener Hütte

Freitag, 20. September

Bei meinem Aufbruch ist es 7.15 Uhr. Ungewöhnlich früh, doch nicht zu früh, denn eine lange, schwarze Tour steht mir bevor, noch dazu über eine kaum erprobte Route.

Zunächst ist dem Pfad Richtung Doppelseescharte zu folgen, ehe er sich gabelt und der Weg nach rechts zur Friedrichshafener Hütte abzweigt. Auf dem schattigen Steig merke ich, wie verschieden widerspenstiges Gelände sein kann. An dem steilen, bröseligen Schutthang gelange ich stellenweise fast an meine Grenzen. Vor jedem Schritt habe ich mich zu vergewissern, dass meine Sohlen sicheren Griff haben, prüfe ich, ob ihnen der Untergrund Halt gibt.

Die Spur ist keinesfalls ausgetreten. So muss ich meinen konkreten Kurs selbst austesten, wobei ich Gefahr laufe, mich zu versteigen, und sei es, dass ich nur einen Schritt zu viel von der grob markierten Linie abweiche, zu weit nach rechts oder zu weit nach links, kurzum zu weit nach außen.

Die wenigen Miniterrassen in dem kaum gestuften Hang lassen mich innehalten, hinab auf die Hütte blicken und der trügerischen Erleichterung darüber nachspüren, das hoffentlich heikelste Steigstück hinter mir zu haben.

Manchmal beschleicht mich das Gefühl, dass ich weder vor noch zurück kann, um mir letztlich ein Herz zu fassen und den entscheidenden Tritt zu wagen, der dem Fortschritt im Wege steht. Mehrmals darf ich diese prickelnde Erfahrung machen. Jedes Mal halte ich stand, finden meine Füße eine Lösung.

Ich arbeite mich höher und höher und lange so irgendwann in der Blockzone an, einem geradezu wohltuenden

Terrain. Am Grat über den Rautekopf liegen die Blöcke wild umher. Sie führen mir vor Augen, welche Kategorien der Bodenausgestaltung es gibt: plane, wie zurechtgelegte Blöcke, über die sich bequem wie auf einem roten Teppich schreiten lässt; ungeordnete, aber noch gut begehbare Blöcke, die mehr Konzentration fordern, damit kein Leichtsinnsfehler passiert; oder wie hier eine wüste Halde, in welcher meterlange Platten schief und hochkant stehen, dazwischen schwarze Löcher, über deren Tiefe nach Lust und Laune spekuliert werden darf.

Es handelt sich wahrlich um anspruchsvolles Gehgelände. Drei Stunden brauche ich bis zum Rautekopf. Die Handyuhr zeigt 10.15 Uhr an, als ich meinen Frühstücksraum auf 2849 Metern betrete.

Unterwegs darf ich manche Beobachtung auflesen: Ein aufgescheuchter Vogelschwarm im Steilhang zum Rautegrat bringt Leben ins Geröll; ob es Schneehühner sind oder ein anderes Federvieh mit hellem Kleid, weiß ich nicht sicher zu sagen. Oben ein Weberknecht, der behände über die raren veredelten Felssplitter stakst. Ein einzelnes Vogelexemplar, das buchstäblich frei wie ein Vogel herumhüpft und keinen Laut von sich gibt. Das mächtige Rondell, das einen weiten Bogen um die Darmstädter Hütte zieht und dessen sandfarbene Hänge milde gestimmt sind. Die Pfeiler und Stifte des Felsensembles am Rautekopf; ihre senkrecht gelagerten Schichten machen einen glauben, ein Wesen vom Kaliber eines Herkules habe vor Urzeiten im Bergstock gewühlt, ihn umgewuchtet und das Bodengefüge gehörig durcheinandergebracht. Die heugelben Mini-Graspolster mit Dekorationscharakter auf den Oberseiten der Felsstifte. Der Kartellsee, der lange Zeit vollständig, von meinem Pausenraum immerhin ausschnittweise zu sehen ist; er offenbart sich in einem schönen Mittelblau. Das in vielen Nuancen schimmernde und glimmernde Gesteinschaos, das wie die Sonne zu einem warmen Ambiente beiträgt. Und vor allen Dingen: die Stille. Diese unvergleichlich wertvolle Geräuschlosigkeit, der nichts und niemand etwas anhaben kann. In einer Höhenlage, wohinauf kein Schall unserer gewohnten Zivilisation dringt, weil die Entfernung zu weit und die Luft als Leitmedium zu dünn ist. An einem Ort, an dem sich selbst das unscheinbarste Vögelchen in Verschwiegenheit übt. Ich danke Mutter Erde, dass ich diesen Raum erfahren darf.

Am Rautejöchli besteht letztmals die Möglichkeit, eine Sichtverbindung mit der Darmstädter Hütte aufzunehmen. Nach all dem Gerutsche, Gewanke und Gestolpere, das einen bucklig macht, stelle ich mich aufrecht hin und schaue hinunter. Vielleicht erkennt mich Andi, der Wirt, falls er zufällig in dieser Minute heraufsieht, so mein Gedanke. Vielleicht aber hat er mich schon früher an diesem Punkt erwartet, wo der alte, traditionelle Steig über den Küchlferner auf die neue Wegführung trifft.

Die folgenden Räume durchsteige ich ohne jede Sitzeinlage. Das Gelände ist aufreibend. Buchten, angefüllt mit Schotter und Steinblöcken, reihen sich aneinander. Kleinere und größere Nervenkitzel folgen, über Stunden.

›Dieser Trip ist der härteste, den ich jemals unternommen habe.‹ Wie häufig wird dieser Satz gedacht, während jemand mitten in einer Tour steckt, nicht imstande, sie in dem Moment mit allen vergangenen Erfahrungen zu vergleichen, unfähig, sie objektiv zu bewerten und richtig einzuordnen. Obgleich die Tendenz zur Fehleinschätzung unbestritten ist, trifft eines genauso zu: Diese Etappe hält ein Bündel an Herausforderungen bereit.

Da ist einmal das steile Terrain mit seinen schmalen, brö-selig-bröckligen Pfaden auf zu hartem Schutt und zu locke-rem Schotter. Da ist das gut acht Gehstunden umfassende Ausmaß, Zeiträume für Essen und Trinken, zum Ver-schnaufen und Genießen nicht eingerechnet. Da wiederho-len sich allzu missliche Mühen, wie langatmige Steigungen zu Scharten und der Gang über Grate. Da wirkt sich ferner der Umstand aus, dass das Ganze auf teils waghalsigem Untergrund vonstattengeht; ein Ausrutscher an unpassen-der Stelle und der Verlust von Halt und Leben droht.

Da wartet nicht zuletzt ein Firnfeld, das zu vernachlässi-gen wäre, gäbe es da nicht eine Stelle, die dem einen oder der anderen einen Adrenalinschub versetzen mag. Ausge-löst durch einen Meter Eis, über den ich jetzt zum nächsten erdigen Standort blicke. Exponiert sind beide Orte, dies-seits wie jenseits der Platte. Todsicher ist hier nichts.

Wie das Kaninchen vor der Schlange starre ich auf die glatte Fläche, während es in meinem Geist Gedanken reg-net. Fragen einerseits: Wieso habe ich mich auf diese Aus-sage verlassen: ›Das Firnfeld kannst vergessen.‹? Warum ha-be ich keine Steigeisen dabei? Beschwichtigende Widerre-den andererseits: Wegen dem bisschen Eis hätte es sich gar nicht gelohnt, acht Tage lang Metallstützen durchs Gebirge zu tragen! Wie hätte ich sie überhaupt anschnallen sollen, hier, wo diese Prozedur allein schon Wagemut erforderte?! Abwägungen schließlich, die in ein Fazit münden: In Stie-feln ohne Eisen unter den Sohlen ist dieser eine Meter ein kühnes, wenn nicht gar aussichtsloses Unterfangen. Trotz-dem bleibt mir nichts übrig, als ihn zu überwinden. Es wird schon gutgehen.

Mein Optimismus klammert sich an eine Stufe, kaum breiter als eine Rille, ungefähr in der Mitte der Fläche. Berg-

steiger haben sie vermutlich mit ihren Stöcken und Stiefel-
kanten ins Eis getreten, gestoßen und gekerbt. Ich greife
nach dem dünnen Strohhalm, der mir gereicht wird, und
hoffe, dass die Steighilfe tragfähig ist.

Ich nehme all meinen Mut zusammen und führe einen
Fuß auf die Stufe. Mit einem Hauruck hebe ich daraufhin
den zweiten vom Boden auf, schwenke ihn, flankiert von
der Idee, mein erster möge bloß nicht ausgerechnet jetzt
aus der Rille rutschen, über das blanke Eis hinweg und
setze ihn auf dem täuschenden Terrain, das Verlässlichkeit
vorgaukelt, ab, ehe ich den ersten Fuß nachhole, bis ich mit
beiden Beinen auf einem scheinbar unbedenklichen Grund
stehe. Erleichtert ob der überstandenen Eishürde, doch be-
sorgt ob der Hindernisse, die da noch kommen sollen, atme
ich tief durch.

Herausfordernd ist die Etappe auch wegen der lücken-
haften Markierung. Die Pfadsuche erweist sich bisweilen als
zeit- und kraftraubend. Mehrmals gerate ich an Punkte, an
denen meine Augen weit und breit nichts Rot-Weißes zutage fördern. Wiederholte Scans der Öde bleiben erfolglos.

Im Bereich unterhalb der Schönpleisköpfe steige ich ei-
ner vermeintlichen Spur hinterher. Sie scheint mir mit dem
Linienverlauf auf der Landkarte übereinzustimmen. Der
Maßstab von 1:50.000 bildet ihn leider sehr ungenau ab.
Auch toter Fels kann trügen. So trifft mein Blick auf einen
Stein, der die gesuchte Farbkombination zur Schau trägt.
Wer würde auf Anhieb denken, der erstarrte Körper habe
letztens noch woanders gelegen und binnen minimaler Erd-
zeiteinheiten seine Position gewechselt?

Der kalte Brocken weckt Hoffnungen bei mir, bis ich er-
kenne, dass er von eben jenem Punkt, dem die Markierung
zugedacht war, herabgekullert sein muss und seither gut-

gläubige Wanderer auf eine falsche Fährte lockt. Allein die Tatsache, dass er im Verbund mit dem benachbarten Geröll fast untergeht, ließ mich Verdacht schöpfen.

Als ich etwa zehn Meter oberhalb meines Standorts und Dutzende Meter versetzt endlich eine Felsbemalung entdecke, stelle ich ein wenig zermürbt fest, dass ich völlig umsonst so weit abgestiegen bin. Bergauf kämpfe ich mich erneut durch das unwirtliche Gelände, das menschlichen Füßen keine seriöse Unterlage bietet. Nur mühsam komme ich voran. Wertvolle Stundenanteile verstreichen, bis ich zurück auf dem Steig bin. Unterm Strich habe ich einiges an Energie in der Bucht mit dem Firnfeld verplempert.

Die Zeit sitzt mir gefühlt im Nacken. Wer weiß, was mich noch alles erwartet?! Ohne Stirnlampe wäre ich aufgeschmissen, sollte die Dämmerung meiner Ankunft am Ziel zuvorkommen. Doch noch ist es längst nicht so weit, die zu durchsteigenden Sphären sind lichtdurchflutet.

Auf dem Weiterweg gelange ich an Stellen, vor denen ich respektvoll haltmache, überrascht, verdutzt und leicht erschrocken. Sie treiben meinen Adrenalinspiegel an, ohne mich ernsthaft zu bremsen. Aufgeben ist nicht! Hier nicht und heute nicht. Wie und warum auch? Was wäre denn gewonnen? Umzukehren bärge wahrscheinlich mehr Risiken, als dem Pfad treu zu bleiben. Körperliche Anstrengungen hin, mentale Belastungen her. Besser nach vorne orientieren und darauf hoffen, dass die Melange aus alpinen Gemeinheiten ein baldiges Ende findet! Es lässt bis zur Dürrscharte auf sich warten.

Der finale Höhepunkt auf 2666 Metern ist Ludwig Dürr gewidmet. Einem toten Mann, der posthum mit seinem Namen dafür geradesteht, was *sein* Weg Bergsteigern alles zumutet. Gerechterweise sei gesagt, dass ihnen nicht nur

Zumutungen widerfahren. Es sind vor allem Wohltaten, die wir einen Tag lang erleben dürfen: Genugtuung ob der bewältigten Strapazen, Gefühle der Erleichterung, Zufriedenheit und des leisen Glücks.

Ludwig Dürr war gern und oft in alpinem Fels unterwegs. In der Hauptsache aber war der gelernte Mechaniker und Maschinenbauer jahrelang Chefkonstrukteur bei Graf von Zeppelin. Er zeichnete für den Bau der berühmten Luftschiffe verantwortlich, zunächst in Stuttgart, nach seinem Studium in Friedrichshafen. Als die *Gesellschaft zur Förderung der Luftschiffahrt* in Geldnöte geriet und aufgelöst wurde, entwickelte Dürr in selbst errichteten Versuchsbaracken in Manzell am Bodensee eigenständig die wegweisende Leichtbauweise für Luftfahrzeuge. Der sogenannte Dreieckträger sollte zum wichtigsten Bauelement für sämtliche Zeppeline werden. 1913 avancierte Dürr zum technischen Direktor des neu gegründeten Unternehmens namens Luftschiffbau Zeppelin GmbH. Diese Funktion hatte er bis 1945, dem Jahr der Firmenauflösung, inne.

Zahlreiche Würden und Auszeichnungen wurden Dürr zuteil. So war er Ehrenbürger der Stadt Friedrichshafen und 25 Jahre lang Vorsitzender der örtlichen Alpenvereinssektion. Nach ihm als einem Freund des Wanderns und der Berge wurde die hochalpine Verbindung zwischen der Darmstädter und der Friedrichshafener Hütte benannt. Er selbst soll die Route festgelegt haben.

An der Dürrscharte sorgen ein Wegweiser und die erstmalige Sicht auf die Friedrichshafener Hütte für Entspannung. Bei manchem Wanderer mögen sie gar wie Beruhigungspillen wirken. Eineinviertel Stunden haben die Füße noch zu tappen, um ihn ans Ziel zu tragen. Beim Abstieg zur Herberge flacht sich das Gelände ab, und der Pfad nimmt komfortablere Formen an. Das Gröbste ist damit ausgestanden.

Ich lehne mich geschafft zurück und halte halb liegend meinen Kopf mit beiden Händen. Mein Gesicht ist auf einen hohen Schuttberg gerichtet, an dessen Hängen sich sand- und schneefarbene Brösel mischen. Ob das der Hauptgipfel der Samnaungruppe ist? Bei der markanten Erhebung soll es sich um die Greitspitze handeln. Sie zählt mit rund 2870 Metern zu den höheren Gipfeln jener Bergfamilie, stellt aber nicht deren Oberhaupt dar.

Die nördlichste Kette des Samnauns zieht an der Südseite des Paznauntals entlang. Dunkle, dicht gedrängte Zacken, weite, grünliche Skihänge und sich voneinander abhebende Vegetationszonen prägen ihr Design. Besonders die Waldzone grenzt sich klar nach oben ab. Schlanke Pyramiden stehen eng aneinander und drängen sich zu dunkelgrünen Wäldern.

Aus der sicheren Distanz ist den sonnenverwöhnten Graten ihr Gefahrenpotenzial kaum anzusehen. Doch der sonnige Schein trügt, wie so oft. Schwenkt mein auf Handschalen gebetteter Kopf nach rechts, präsentiert sich das Fluchthorn als wohl stolzester Vertreter seiner Sippe. Dem Piz Buin fällt die prominenteste Rolle innerhalb der Silvretta zu. Er verbirgt sich unsichtbar im Hintergrund.

Die gesamte, lang gezogene Etappe war ein zusammenhängender Schweigeraum. Von wenigen Luftfahrzeugen abgesehen, die alle heiligen Zeiten und in unerreichbarer Ferne dezent ihre Aufwartung machten. Erst an der Dürrscharte zwitscherte ein Vögelchen eine Sekundensequenz lang dazwischen. Ansonsten herrschte auf dem Tagesmarsch Stille. Nicht eine Menschenbegegnung sollte sich binnen elf Stunden ergeben, was kaum verwundert. Wie mir zu Ohren kam, wird Gästen der Friedrichshafener Hütte derzeit davon abgeraten, die Route über den Ludwig-Dürr-Weg zu begehen.

Stuben sind charakteristische Räume, auch deshalb, weil sie etwas über den Geist verraten, der in einer Hütte weht. Sie können klischeehaft-traditionell oder mit moderner Note sein und haben oft von beidem etwas. Hell und luftig statt dunkel und schwer, lautet die innenarchitektonische Devise in zeitgemäßen Häusern.

Ein solcher Raum mit leichtem Flair befindet sich in der Friedrichshafener Hütte. Als ich über die Schwelle trete, versetzt mich mein sogleich gewonnener Eindruck in erlösendes wie angenehm-frohes Staunen, denn hinter dem Eingang tut sich eine holzwarme Panoramastube auf. Eine Dame und ein älterer Herr sitzen eine jede und ein jeder für sich an separaten Tischen. Zwei Menschen, zwei Gäste, nicht mehr. Und dies an einem Freitagabend, dem zwei Tage mit traumhaftem Bergwetter folgen sollen, ehe die Hütte in Winterschlaf fällt? Jawohl, wir vier – später am Abend stößt ein Freund jenes Herrn dazu – sollen die einzigen Gäste bleiben.

Üblich sind an schönen Wochenenden volle Stuben inklusive Hüttengaudi. Erwartbar war, dass zum Saisonabschluss der Laden noch mal richtig brummt. Dass dem nicht so ist, darf uns nur recht sein.

Der Umriss der Stube gleicht einem halbierten Achteck. Während rechte Winkel beschränkend wirken, weisen abgemilderte Ecken das Einengende nach außen ab. Sie verleihen dem Raum eine sanfte Rundung. Alle vier Außenwände sind mit großzügigen Fenstern ausgestattet.

Der Samnaun-Kamm glüht, als wir drei zu Abend essen. Danach greift die Dame zur Hausgitarre, spielt und singt sie für uns Songs wie *Freiheit, Die Gedanken sind frei, Als ich fortging, Wenn wir erklimmen* und *Das wünsch' ich dir.* Eine Melange aus Spiritualität und idealistisch angehauchter Sehnsucht, dem Gefühl des Losgelöst-Seins, aber auch aus einem Anflug von Wehmut ob des Wissens, dass es endlose Freiheit nirgends geben kann, weil alles durch Abhängigkeiten miteinander verwoben ist, durchweht den Raum.

Den Belangen zu entrinnen, die das Lebendig-Sein mit sich bringt, gelingt in der idyllischsten Landschaft so wenig wie an den entlegensten Punkten der Erde. Weder eindrucksvolle Gebirgszüge noch in rosigstem Blau gemalte Buchten und goldene Strände vermögen sie von uns fernzuhalten. Momente des Glücks speisen sich aus einer inneren Haltung. Sie sind da wie dort möglich, so wie der Lauf der Dinge überall die Lebewesen ereilt.

Hier und jetzt lauschen wir den sentimentalen Klängen und sehen derweil zu, wie auf der anderen Seite des Paznauntals das Licht ausgeht. Wie die zackige Gliederkette allmählich ihren Glanz verliert und dem nächtlichen Schatten anheimfällt. Die Schwingungen von Instrument und Gesang wogen in jeden Stubenwinkel hinein. Sie dringen in unser Innerstes vor, rühren uns an und machen diesen Aufenthalt außergewöhnlich.

6. Tag: Friedrichshafener Hütte – Heilbronner Hütte

Samstag, 21. September

Am Morgen bekomme ich ein Sportler-Frühstück aus Müsli und Obstsalat serviert, ferner Grüntee, Kaffee und drei Lieder, die den Morgen und das Leben an sich besingen: *Ein neuer Tag beginnt, Morning has broken, Welche Farbe hat die Welt?* Die gefälligen Stücke wollen wachrütteln, so beseelend werden sie von der Dame in unserem Viererbund der Übernachtungsgäste vorgetragen.

Alles, was unsere Sinne aufnehmen, akustisch oder visuell, hinterlässt Spuren auf der emotionalen Speicherkarte. Je nachdem, ob sie hart oder dumpf, technoid und kalt oder herzlich echt sind, bringen sie unterschiedliche Saiten in uns zum Schwingen. Für Umgebungslärm gilt dies ebenso wie für die Gesamtheit der medialen Einflüsse, denen wir ausgeliefert sind oder uns oft bedenkenlos aussetzen.

Obwohl wir um seine schädliche Wirkung auf Mensch und Umwelt wissen, wird unnötigem Krach unangemessen viel Platz eingeräumt. Insbesondere auf den Straßen wird er widerspruchslos gebilligt, verkleidet oft unter dem Deckmantel der Freiheit und Toleranz. Zwei Werte, denen gegenüber Achtsamkeit und Rücksichtnahme eher das Nachsehen haben.

Auf einem flachen Wall bewege ich mich von der Hütte weg westwärts. Er verlängert den leicht gekrümmten Rücken eines Felsgrüppchens namens Hohe Köpfe und reckt sich als optische Trennlinie durch die Gebirgskammer, ehe ihn das weithin grüne Gelände peu a peu verjüngt. Immer sanfter werden die Hänge. Im Grasland der Muttenalpe laufen sie schließlich aus.

Das Intro ist sehr verschieden zu dem des Vortags: Stiller Kargheit steht ein Hort klangvoller Aktivitäten gegenüber. Die diagonal grün-weiß gestreiften Fensterläden der Hütte sind mit der hiesigen Vegetationsstufe stimmig, in welcher mehr als Hauswurz, Mannsschild und Steinbrech gedeiht. Ein Fleckchen blüht, ein anderes verblüht: hier sternförmige Paradeblüten mit Dutzenden blassgelben Blattovalen, da die wolligen Fruchtstände langstieliger Kratzdisteln, dort schafgarbenähnliche Doldenblütler und lila-blaue Glockenblumen. Ringsherum tobt das muntere Insektenleben. Grillen zirpen, Springkäfer purzeln mir vor die Füße, Kleinfalter lufttänzeln flatterhaft über dem Gräsersaum.

Gut fünfhundert Meter weit dürfte die Route auf dem schotterigen Damm verlaufen, dann wendet sie sich nach links einem Fahrweg zu. Im Trott geht es bestimmt anderthalb Kilometer dahin. Lange nicht gehabt, so eine langweilig-bequeme Trasse. Doch nach Tagen der Balanceakte auf schmalsten Pfaden nimmt man Komfortzonen dieser Art dankbar an.

Am Brücklein über den Bach schwenke ich kurzweg in eine Seitenkammer ab. Indem ich einen Meter hinabsteige, trete ich in ihre prickelnde Sphäre ein. Förmlich hineinziehen lasse ich mich in den Sog des Plätscherns und Rauschens. Sie kreieren einen Klangraum, der allein den Wassern gehört. Seine Mauern sind fast undurchlässig. Andere Geräusche bleiben außen vor. Das Motoren-Brummen vereinzelter Fahrzeuge, die passieren, und ihren Reifenrollsound nehme ich mit Blicken wahr, die des Hörens mächtig sind. Wanderern lese ich ihren Gruß von den Lippen ab.

Die Nische fesselt Augen und Ohren, sie steht unter dem Bann des Bächleins. Es steuert in flachen Bahnen auf mich zu und fließt durch verwinkelte Ästchen. Es spritzt, schäumt und stürzt, sammelt sich in einer Gumpe, einem kaum zwei Quadratmeter großen Wasserloch, rinnt vereinigt weiter, streichelt Kiesel für Kiesel, ehe es der Abwärtsdrang in ein Kanalrohr spült. Das Wasser unterquert den Weg und kommt jenseits von ihm als Bläschenwirbel zum Vorschein. Es konzentriert sich abermals in einer Gumpe, groß genug allenfalls für ein Liliputanerbad, teilt sich in mehrere Gässchen, wovon ein jedes nach seiner Fasson talwärts treibt, bevor sie miteinander fusionieren und zu einer homogenen Masse gemischt als Flussfüllung enden.

Ob Felsbröckchen oder Kiesel, alles, was die Rinnsale auf ihrer Reise überfahren, schleifen sie zu edlem Schmuck: Gekörnter Granit, marmorierter Kalk, gebänderter Gneis und glimmernder Schiefer sind auf Hochglanz poliert.

Als ich so erschöpfend wie erhellend auf Ausdruck und Bewegung des Bachs meditiert habe, trete ich aus dem Winkel berauschender Wasserklänge hinaus. Ich stiefele über das Brücklein und zweige unmittelbar hinter ihm zum Muttenjoch ab. Bald folgen Trümmerhalden, erst linker Hand, dann beiderseits, sodass ich durch eine Art Korridor steige, dem die Anmutung von einer Wüstenschneise eignet. Im monotonen Gang lasse ich sie hinter mir.

Der Pfad führt weiterhin an Feldern entlang, solchen aus Schotter mit grünen Einsprengseln und solchen aus Schnee. Über alledem steht das Muttenjoch. Das Bindeglied zum nächsten, überaus prominenten Raum gewährt Einblick ins Herz des Verwalls. In einen brillanten Saal, der einer ganzen Gebirgsgruppe seinen Namen gab.

Meine Augen kreisen rundherum, um all seiner Eigenarten gewahr zu werden. Ich bemerke die beuligen, flach geneigten Bergflanken. Sie streben sämtlich zur Mitte hin, wo sie trichterförmig zusammenlaufen. Ich schaue geradeaus auf die Fädnerspitze, links davon auf den Grieskopf und auf einen imponierenden Ausschlag halbrechts: Als höchster der felsigen Runde ragt der abgeschattete Schrottenkopf aus dem zahmen Grat heraus. Dunkel, schroff und trotzig mag er einem erscheinen. Im Kontrast dazu werfen geschwungene Schnee- und Glimmersteinfelder das Sonnenlicht weiträumig zurück. Sein Blendwerk überzieht das Verwall mit pulsierendem Folienglanz.

Beim Anstieg zur Gaissspitze finde ich mich unerwartet im Fels wieder. Bevor ich ihr Ausnahmepanorama genießen darf, ist erst einmal Hand anzulegen. Ich berühre ein Geländeprofil, das mich auf dem falschen Fuß erwischt. Ein wenig wackelig bin ich heute auf den Beinen und nicht gänzlich schwindelfrei. Umstände, die sich in einem gemächlichen Tempo niederschlagen. Offenbar wirkt jene kräftezehrende Marathonetappe nach.

Ich klammer mich an die fixen Ketten und kraxle wie ein Flachlandtiroler, der zum ersten Mal im Leben über Normalnull hinauskommt. Zur Entspannung gibt es kurzzeitig softere Strukturen zu ertasten, als meine Greifer über einen gepflegten Felsteppich streichen: Das dicht-grüne Gewächs besteht aus Knospen und Blättern im Miniaturformat. Einem robusten Dielenbelag ähnlich dehnt es sich lückenlos aus. Die Härte des Grundmaterials entschärft es nur oberflächlich.

Am Gipfel ist das Spiel changierender Farben besonders augenfällig. Zur Gänze liegen die Intarsien des Verwalls nun bloß. Perlmuttfarbene Schlieren schillern schwarz, türkis und in dunklem Blau, auch etwas Grün mischt sich darunter. Auf einer Zwischenebene ist ein bewährtes Zierelement eingelegt, das nass und nett anzusehen ist: Ein Wasserauge saugt mit etlichen Zünglein am Karboden.

Der Inhalt des triefenden Teichs entleert sich in einem steifen Strahl. Nach dem Aufprall wird es von einem Bächlein aufgenommen, fortgetragen und in die Tiefe des Ochsentals befördert. Geburtshelfer aus allen Richtungen strömen dort herbei und wecken Rosanna zum Leben.

Der Name *Verwall* leitet sich von den romanischen Wörtern *val bel* ab. Sie sind mit *schönes Tal* einfach, aber treffend übersetzt. Man darf diesen Raum hübsch und reizvoll finden, spektakulär ist er allemal. Vielerlei Lichtreflexionen verzaubern das Zentrum dieser Alpengruppe. Aus allen Kammern, welche die einwöchige Rundtour durchstreift, sticht sein gleißendes und umso milderes Gepräge hervor. Es verstärkt das Gefühl schwereloser Weite, das Betrachtende jeden Geschlechts und aller Gewichtsklassen befällt.

Ein von zwei Felsen getragener Balken bildet am Muttenjoch einen idealen Sitz, um den stadionrunden Raum für ein Weilchen zu betrachten.

Von dort geht es über den Nordwest-Ausläufer hinweg und hinunter ins Ochsental. Auf einem bröseligen und rutschigen Steig nähere ich mich dem geografischen Mittelpunkt des Verwalls. Der Mutterschoß von Rosanna ist ähnlich einem ausladenden Trichter geformt.

Mäßig ansteigend führt der Pfad jenseits des Talgrunds unterhalb von Grüner Graf und Jöchligrat entlang. Flächen mit den vergilbten Überbleibseln von Punktiertem Enzian werden durchkreuzt, Wasseraugen gesichtet, eine flache Schale Scherbensalat durchstiegen. Auf dem Weg folgen ferner Blocksteingelände, ein Feld Wollbüschel tragender Stielpflanzen sowie archaische Halden aus dumpf und stumpf tönenden Trümmern. Dann ist die übervolle Neue Heilbronner Hütte erreicht.

7. Tag: Heilbronner Hütte – Konstanzer Hütte – Kaltenberghütte

Sonntag, 22. September

Eine schaurige Stimmung liegt über dem Morgen: Dunkle Wolkenbahnen von der Form prall gefüllter Reissäcke verdecken das Himmelsblau. Alles zeigt den Herbst an.

An den Scheidseen vorbei, danach am Albonabach und an der Rosanna entlang wandere ich abwärts. Leichter Regen berieselt die Gewässer. Er übersät ihr Gesicht mit einem Meer von Sommersprossen. Unentwegt versinkt jedes Tröpfchen im Reich des Wassers.

Der breite Fahrweg erweist sich als schöner Boden zum Auslaufen. So jung, wie Rosanna hier ist, muss sie sich erst freikämpfen von all den harten Brocken aus vorgestrigen Epochen, die ihre Ufer kontrollieren, bis sie sich zur energiegeladenen Ader des Stanzer Tals auswächst. Zwischendurch schaue ich zurück auf die wettergegerbten Holzwände der Heilbronner Hütte, hinter der sich düster-schroffe Monster erheben.

Nackt und nüchtern steht alles da. Rostbrauner Farn, fahlgelbe Enziangerüste und altgraues Gestein leisten mir Gesellschaft. Kein Schein kaschiert ihr Alter. Das durchsichtige Antlitz der feuchten Luft ist lokal mit wolligen Punkten bestückt. Furchtlos baumeln sie an hüfthohen Stängeln.

Kurz vor der Konstanzer Hütte öffnet sich die Blende. Ein Strahlenkranz durchdringt die abschirmenden Dunstballen und beschenkt den Raum mit indirektem Licht.

Den Schlenker zur Konstanzer Hütte nehme ich in Kauf, um mich nach dem Wetter zu erkundigen. Außerdem wird mir bestätigt, dass die Kaltenberghütte geöffnet sei. Ich setze meine Wanderung fort.

Von nun an folge ich dem Reutlinger Weg und gelange bald an eine Sitzbank unter einem mächtigen, auffallend gerade gewachsenen Baum. »Zum Verweilen im Schatten von Zirben lädt diese Bank ein«, ist da zu lesen, und auch, dass sie von Maria Mahlig gestiftet und im August 2016 von der Sektion Konstanz aufgestellt worden sei.

In Scharen haben sich ringsum Orchideen versammelt. Vermeintliche Orchideen, denn es dürfte sich wiederum um Punktierten Enzian handeln. Beider Arten Wuchs und Blätterformen sind für Laienaugen leicht verwechselbar.

900 Höhenmeter steige ich konsequent bergan. Allseits präsentiert sich das bekannte Bild: geriffelter Fels und Weideland, Gerippe sterbenden Enzians sowie heugelbe Kissen überlanger Gräser.

Ich steige und steige, verdränge vorerst mein Bedürfnis nach Flüssigkeit. Die Wolken rücken ein wenig zur Seite, und das Dach gewinnt eine bläuliche Nuance. Eine Nuance, die beruhigt, ebenso wie die Tatsache, dass sich das Gewölk diszipliniert auf einer Etage bewegt. Ohne auszufransen, hält es sich stabil auf gleicher Höhe.

Ich steige höher und höher. Nur eine Hangstufe noch, dann sollte ich am Gstansjöchli sein. Nein, es folgt eine weitere, es folgen weitere Stufen. ›Was sich Jöchli nennt, muss doch leicht zu bezwingen sein!‹, möchte einen die eigene Naivität glauben machen.

Hinter der nächsten Kante zeigt sich erneut eine Stufe. Gleichmütig steige ich weiter. Den Durst schiebe ich derweil duldsam vor mir her. Ich will im Rhythmus bleiben, im Rhythmus von Atmung und Gang. Einmal stoppe ich doch. Ich setze den Rucksack ab, hole die Flasche hervor und nehme ein paar kräftige Züge. Die Brotzeit vertage ich auf später.

Vom Gstansjöchli steige ich in einen tiefer liegenden Raum ein. Im Schutz der Kaltenbergmoräne entfaltet sich eine Landschaft ausufernder Bäche und Pfützen. Das Tal ist von tränenden Äuglein und wasserführenden Linien durchzogen, die sich zum Quellgebiet des Maroibachs zusammentun. Sie tränken die Ebene, machen sie förmlich volltrunken, sodass ich dem drohenden Schicksal, als Moorleiche zu enden, lieber aus dem Weg gehe.

Auf trockenen Tritthilfen schlängelt sich der Pfad durch das sumpfige Schlamassel, ehe er die Gewässerzone verlässt und mich abermals durch stufiges Areal bergan lenkt. Im gleichen Maße, wie er sich aus dem wässrigen Raum hinaus immerzu höher windet, sage ich mich von ihr los, Stufe für Stufe, Kante für Kante.

So überrascht wie fasziniert halte ich an einem maßgeschneiderten Riesenbassin inne. In der Tat wirkt das, was sich ganz flach vor meinen Augen ausdehnt, auf Anhieb wie ein exakt bemessenes Schwimmbecken. Ein Becken, das sorgfältig geplant und an diesem namenlosen Luftkurort installiert worden ist. Türkis-klares Wasser verstärkt diesen Eindruck. Es drückt hygienische Reinheit aus.

Hier ist die verdiente Essenspause fällig. Ein Schild verortet meinen Rastplatz auf einer Höhe von 2506 Metern. Ein großzügiges Territorium hat sich der See einverleibt. Zum Baden dürfte er selbst hartgesottene Wasserratten kaum verleiten. Davon rät schon der abschreckende Name ab: Der sich 400 Meter oberhalb des Sees zuspitzende Kaltenberg stand dabei Pate. Allein der Wortklang mag bei manchen Passanten eine Gänsehaut hervorrufen. Sämtliche Haare dürften ihnen zu Berge stehen, wenn sie sich vorstellen, dass sie ein Bad nehmen und sich zuvor jeglicher Kleidung entledigen sollen.

Am laufenden Band entzieht sich dem See eine erkleckliche Wassermenge. Das Rinnsal legt einen ähnlich gewundenen Weg zurück, wie ihn Fußgänger zu bewältigen haben, die sich hierherauf bemühen. Es drängt in jene Gewässerlandschaft hinab und teilt seine Orientierung mit einem Dutzend weiterer Linien. Sie treffen sich, werden eins und bringen in einem vielfältigen Zusammenspiel den Maroibach hervor. Von allen Seiten genährt geht der Neugeborene ein Bachleben später gesättigt im Verwallsee auf.

Der Kaltenbergsee lässt sich den Substanzverlust kaum anmerken, zumal ihm von der anderen Seite unaufhörlich neuer Stoff zufließt. Der See wirkt sogar leicht beschwingt. Ein leises Wabern wohnt ihm inne. Türkisfarbene Tälchen und gläsern-transparente Hügelchen wechseln einander ab.

Der Frischwasserspender lagert ein Bergstockwerk höher. Das kleinere, farblich genauso ansprechende Becken steht im engen Kontakt zum Kaltenberggletscher. Besser gesagt zu den Resten eines einst flächendeckenden Eisfeldes. Jahrzehnte des zähen Dahinschmelzens haben wenig übriggelassen.

Eine massive Platte drückt unnachgiebig ins Türkis hinein. Im Ganzen kann der Vorstoß nicht gelingen. Trumm für Trumm bricht von ihr weg und gleitet in erdgeschichtlichem Zeitlupentempo über das Ufer ab. Als glatte, gleichsam nachhaltige Insel treibt die Eisscholle fortan im See. Es dürften Jahre vergehen, bis sie in ihm aufgegangen ist.

In den nächsten Jahrzehnten ist für Wassernachschub gesorgt. Aber was kommt danach, sprich, wenn das Eis aufgetaut und die Flüssigvorräte aufgebraucht sind? Wird der See dann vertrocknen? Oder bezieht er seinen Füllstoff aus anderen Quellen? Sind im Innern des Kaltenbergs ausreichend Depots verborgen, um die Seen weiterhin mit ihrem Lebenselixier zu füttern? *Weiterhin* will heißen, wenn der Kaltenberg eines Tages firnfrei wäre. Oder sollte sich das klimatische Blatt rechtzeitig wenden und eine Kälteperiode dem Hochgebirge erneut ein gefrorenes Mäntelchen überwerfen? Die Forschung lässt anderes verlauten. Für sie ist der Gletscherschwund unumkehrbar, er lässt sich nicht aufhalten.

Ich befinde mich am höchsten Punkt, der Krachelspitze auf 2686 Metern. Das Bild ist zum Frönen. Mit Gleichmut betrachte ich das Türkis, das abgeschattete Grau und das Spiel der gewichtslosen Böen, die als gläserne, kaum merkliche Wogen über den Wasserspiegel wischen. Eine Ansicht von arktischem Charme.

Im Bewusstsein, dass die eiskalten Wasser endlich sind, verweilt mein Blick auf dem türkis Doppelauge, das asymmetrisch zu meinen Füßen liegt: Auf ihr mildes Wabern meditierend, harrt er aus. Einem Wabern, dem manche Wolkenbewegung lediglich einen Farbwechsel aufprägt und dem eine seltene Böe einen dezenten Schwung versetzt. So als bräuchte es ähnlich einem Uhrenpendel einen gelegentlichen Impuls, um der Erstarrung entgegenzuwirken.

Vom Krachelgrat zieht ein Ausläufer nordwestwärts. Der Grat ist recht schmal. Stumpf genug, um begehbar zu sein, zu exponiert und steil flankiert, um ihn auf die leichte Schulter zu nehmen: Dem lockeren Grund mangelt es stellenweise an vertrauenswürdigen Tritthilfen. Lose herumliegendem Geröll folgen Blockpassagen.

Letztmals durchsteige ich die diversen Alpenetagen und alle charakteristischen Räume: Über erdige Scherben, Schotter und Felsen stakse ich, durch Zonen von Heidelbeeren und Heidekraut, mal grünem, mal scharlachrotem Beerenkraut; Rausch- und Blaubeere wachsen wie zum Vergleich einmütig nebeneinander.

Weiter unten sind ringsum verteilte Polster aus langen Gräsern kennzeichnend. In fernerer Tiefe wird eine Trümmerschneise passiert, die ein jüngst erfolgter Felssturz hinterlassen hat. Jüngst? Vor zehn oder hundert Jahren vielleicht, oder ist er Jahrtausende her?

An Gestein begegnen graue Eminenzen, Glimmerschiefer und solche mit lindgrünem Flechtenbewuchs. Zonen mit Erika, gelbbraunen Enzianruinen und Gras, das sich schon schlafen legt.

Zwischendrin zeigt sich die Kaltenberghütte: ein dunkelbrauner Holzbau mit roten Fensterläden, auf dem Dach haften Solarpaneelen. Ein Öko-Spielzeughaus, zu dem ein hellhölzernes Nebengebäude kontrastiert.

Die günstige Lage über dem Klostertal hält diesen Ort von Verbauung frei. Als wäre es von der Natur beabsichtigt, lässt sich der Sonnenuntergang in aller Ausführlichkeit beobachten. Auch auf dieser Seite des Tals kommt dem hervorragenden Ausblick kaum etwas in die Quere. Weder ein Ausläufer oder Grat noch eine Felsnase begrenzt die Sicht. Liegestühle sind für den leuchtenden Tagesausklang wohlweislich in Position gerückt. Sie belohnen den müden Gast mit einem Rundpanorama ins Lechquellengebirge, durch das Klostertal und weit darüber hinaus.

Im Mittelbereich der alpinen Nachbarfamilie tut sich ein Blickfang hervor. Die Rote Wand zeichnet sich durch eine geologische Besonderheit aus. 100 Millionen Jahre Gesteinsleben liegen in der Südwand offen zutage. In voller Breite und auf einer Höhe von circa 300 Metern haben vom Mitteltrias bis zur Kreidezeit diverse Erdzeitalter ihre

Spuren hinterlassen. Substanzen vom Hauptdolomit bis zum Kreideschiefer zeugen davon. »Man kann sich als Geologe an dieser Kulisse fast nicht sattsehen«, heißt es in dem Buch von Christof Thöny und Andreas Rudigier, das den Titel trägt: *Von schroffen Bergen eingeschlossen. Das Lechquellengebirge und seine Erschließung.* Das ist wohl wahr, doch muss man kein Geologe sein, um so zu empfinden.

8. Tag: Kaltenberghütte – Langen am Arlberg

Montag, 23. September

Hinterm Fenster qualmt es gräulich weiß. Dicht gedrängte Tropfen verzerren die Sicht. Das fortwährende Prasseln legt einen unruhigen Schleier über das Landschaftsbild. Mit vollem Elan löst die Kaltfront ihre unliebsamen Versprechen ein. Mit Starkregen, Minusgraden und einem undurchschaubaren Gewölk, das um unser Spielzeughaus geistert.

An so einem Morgen sind Berghütten unersetzliche Trocken- und Wärmeoasen. Generell wird es zu dieser Jahreszeit im Handumdrehen frisch, sobald sich die Sonne hinter Wolken, Wänden oder dem Erdball versteckt. Tritt sie aus seinem Schatten hervor, bleibt man bei Tagesbeginn gerne im Lager liegen und wartet das Ende der Dämmerung ab.

Unterwegs ereignet sich der persönliche Sonnenaufgang mitunter deutlich verzögert. Je nach Ausrichtung des Terrains kann er sich bis weit in den Vormittag hinein hinziehen. Der ersehnte Moment, da der erste Strahl das Gesicht anrührt, der begrüßenswerte Augenblick, da seine Leuchtkraft den Boden unter den Sohlen erfasst, geht meist mit einem Temperatursprung einher. Auf so einen besteht heute wenig Hoffnung.

Die meteorologische Störung ist schwer und hartnäckig. Sie lässt keinen Lichtblick erwarten. Komplett zieht sie den Raum zwischen Erde und Himmel in Mitleidenschaft. Gleichbehandlung allerorten: Oben ist es so trüb wie in den Tälern, denn die ganze Verwallgruppe ist in ein Wolkenmeer gehüllt. Anders als vor sechs Tagen, als ein verlockender Wolkenschaum aus dem Malfontal quoll, während ich sonnengeblendet die Schmalzgrubenscharte erklomm.

Von allen Gästen heißt es, dass sie ins Tal absteigen. Der Regenradar einer Dreiergemeinschaft aus Berlin prognostiziert für die zehnte Stunde eine Regenpause. Minutengenau will er die Trockenphase kennen. Die drei Wanderer richten sich nach ihm und brechen im empfohlenen Zeitfenster auf. Dass es nach wie vor in Strömen regnet, scheint sie kaum zu interessieren. Anstatt auf die eigenen Sinne zu vertrauen und der Realität ins Auge zu sehen, machen sie sich online gesteuert auf den Weg. Die Wetter-App muss es schließlich besser wissen als unser Menschenverstand, mögen sie sich wie so viele der digitalen Abhängigkeit zum Opfer gefallene Zeitgenossen sagen.

Ich setze weniger Vertrauen in die Prognose, dass der Regen ausgerechnet in dieser Stunde nachlassen soll. Mein Gefühl sagt mir etwas anderes. Zu einem übereilten Aufbruch besteht ohnehin kein Anlass, denn der Marsch ins Tal sollte in ein bis zwei Stunden erledigt sein.

Meine Verweildauer in der wohligen Stube vertreibe ich mir mit einer Lektüre aus dem Jahrbuch *Berg 2019:* Die Ankogelgruppe in den Hohen Tauern ist das Titelthema. Dargestellt wird die Geschichte ihrer Erkundung, wobei die Hochalmspitze im Fokus steht. Neben verschiedenen Aufstiegsrouten wird ihre mutmaßliche Erstbesteigung beschrieben. Aufmerksam lese ich diesen Artikel zu Ende, der auch deshalb mein Interesse weckte, weil ich am 28. August 2015 gemeinsam mit einem Freund selbst auf den Gipfel der Tauernfürstin gestiegen war.

Als ich wieder einmal durchs Fensterglas schaue, hat das Trommelfeuer nachgelassen. Das prophezeite Regenloch aber ist ausgeblieben, aller Besserwisserei jener Wetter-App zum Trotz. Inzwischen sind die Tropfen in Flocken übergegangen. Weiße Spitzentücher hat der Möchtegern-Schnee über das gewölbte Land gerieselt, über jeden Gipfel ein eigenes. Die lückigen Ränder hängen in tiefere Lagen hinab. Sie befinden sich an Bergfüßen und Scharten, auf Hangterrassen und dort, wo Hütten stehen.

Elastisch fühlt es sich unter meinen Sohlen an. Der bröckelige Erdboden hat sich in schlammiges Sumpfland verwandelt. Über Stunden durchtränkt birgt es für jeden Schritt ein Risiko. Das Risiko, auf dem Morast auszurutschen und in eine der braunen Lachen zu gleiten. In erdbraune Pfützen, von denen sich khakibraune Kröten unmerklich abheben. Kröten von der Art, wie sie mir auf der Terrasse der Kaltenberghütte begegnete, gleich nachdem ich aus der Tür getreten war.

Etwas Ominöses hatte diese erste Lebendbegegnung des Tages außerhalb der vier Wände an sich. Was sonst als eine Kröte würde sich schon so selbstverständlich frohgemut und gar nicht wasserscheu auf glitschigem Grund bewegen? Welches Wesen würde dort ohne Dach über dem Kopf für eine ausgiebige Dusche verweilen? Abgesehen von zahllosen Nacktschnecken. Leidenschaftlich gern kröchen sie unter den gegebenen Umständen aus ihren Häuschen, wenn sie nicht von Geburt an obdachlos wären.

Gleichmütig gehe ich den Talabstieg an. Der Weg nach Langen am Arlberg ist mit anderthalb Stunden ausgeschildert. Zuallererst muss ich meine Füße umprogrammieren. Bei Trockenheit sind Steine willkommene, weil ausgezeichnete Tritthilfen. Nass entpuppen sie sich als heimtückische Fallen. Aalglatt sind sie für Bergstiefel tabu. Wo der Steig allzu steil und batzig ist, weiche ich auf die mit Gräsern, Moos und Beeren bewachsenen Seitenzonen aus.

Die Blätter der Bergerle, die sich von den Rändern her einrollen, schimmelfarbene Flechten, gelb-braune Enzianleichen, alles trieft vor Nässe. Es scheint, als wollte der Himmel das Land noch einmal stärken, gleichwohl ahnend, dass sein gut gemeinter Versuch fruchtlos bleiben wird.

Alles zieht sich zurück, in die Stiele und Stämme, in die Wurzeln, in sich selbst. Einzig der Farn steht voll im Saft. Wie die Pestwurz, die unter der Waldgrenze wunderbar gedeiht. Die Pestwurz, das vermeintliche Seuchenmittel von einst, verkörpert selbst eine der wohl schlimmsten Seuchen, die sich ein Gartenbesitzer einhandeln kann. Wachstumsstark, wie sie ist, wird er sie nur schwer wieder los.

Ich lasse sie hinter mir, spätestens als ich den Bahnhof von Langen am Arlberg erreicht habe. Von dort nehme ich den Bus nach Stuben am Arlberg. Mit einer Übernachtung im Komforthotel lasse ich die Bergwoche ausklingen.

Am nächsten Vormittag wandere ich zurück nach Langen. Der RailJet befördert mich via Innsbruck nach Kufstein, wo sich die eingangs erwähnte Fahrt im Meridian anschließt. Hinter mir liegt ein Erlebnis, das aus dem Rahmen des Alltäglichen fällt. Diese Tour wird mir im Gedächtnis bleiben. Sie ist eine Empfehlung wert.

DETAILS ZU ETAPPEN UND HÜTTEN

TAG 1: DER EINSTIEG – AUF DIE EDMUND-GRAF-HÜTTE

Startort der Rundtour ist **Pettneu** am Arlberg. Der Bus aus Richtung Sankt Anton hält auf der Nordseite des Stanzer Tals. Ein möglicher Ausstieg befindet sich bei der Kapelle. Beim Schwimmbad auf der südlichen Talseite gibt es einen Parkplatz.

Ein breiter Forstweg verläuft durch das **Malfontal** südwärts. Kurz vor der **Hinteren Malfonalpe** zieht ein Bergpfad nach links bzw. Osten hinauf zur **Edmund-Graf-Hütte** (2375 m). Im Anstieg sind insgesamt rund **1300 Höhenmeter** zu bewältigen. Die Gehzeit beträgt circa **dreieinhalb Stunden.**

Geländekategorie BLAU: **Einfacher Bergweg**

Hüttentelefon: **+43 (0) 699 1329 0061**
Homepage: **www.edmund-graf-huette.at**
ÖAV-Sektion Touristenklub (TK) Innsbruck:
    www.alpenverein.at/tk-innsbruck

TAG 2: AUF DEN HOHEN RIFFLER

Der Weg auf den **Hohen Riffler** (3168 m) ist mit **zwei Stunden** Aufstiegsdauer ausgeschildert. Gut **800 Höhenmeter** sind zu überwinden. Wer mit schwerem Rucksack unterwegs und/oder kaum akklimatisiert ist, sollte reichlich Extrazeit einkalkulieren. Für eine genussvolle Tagesunternehmung ist diese Tour zum höchsten Punkt der Verwallgruppe ausreichend.

Sollten hinterher Reserven für noch mehr Fußarbeit vorhanden sein, lässt sich je nach Lust und Laune eine Wanderung zum **Kappler Joch** (2672 m) und eventuell weiter auf die **Kappler-Joch-Spitze** (2843 m) anhängen.

TAG 3: ZUR NIEDERELBEHÜTTE

Von der Edmund-Graf-Hütte führt der **Riffler Weg** auf die **Schmalzgrubenscharte** (2697 m). Dort setzt sich die Etappe auf dem **Kieler Weg** bis zur **Niederelbehütte** (2310 m) fort.

Das Ziel ist nach ungefähr **fünf Stunden** reiner Gehzeit erreicht. **500 Meter bergauf** und **550 Meter bergab** müssen die Beine absolut gerechnet zurücklegen.

Geländekategorie ROT: **Mittelschwerer Bergweg**

Hüttentelefon: **+43 (0) 676 415 2355**
Homepage: **www.niederelbehuette.at**
DAV-Sektion Hamburg und Niederelbe:
  www.dav-hamburg.de

TAG 4: ZUR DARMSTÄDTER HÜTTE

Auf dieser Etappe wird das **Seßladjöchli** (2749 m) erklommen. Von dort folgt ein langer Abstieg zum **Kartellspeicher** (2020 m), bevor es hinauf zur **Darmstädter Hütte** (2384 m) geht.

Die Höhendifferenz beträgt im **Anstieg 850 Meter** sowie im **Abstieg 800 Meter.** Mindestens **vier Gehstunden** sollten dafür angesetzt werden.

Geländekategorie ROT: **Mittelschwerer Bergweg**

Schwere Variante

*Über die **Fatlarscharte**, die **Kieler Wetterhütte** (2800 m), den **Hoppe-Seyler-Weg** und das **Schneidjöchli** (2841 m) sowie weiter auf dem **Advokatenweg** besteht eine anspruchsvollere Verbindung zur **Darmstädter Hütte**.*
Der Gesamthöhenunterschied bleibt gleich. Es sollten sechs Stunden Gehzeit kalkuliert werden.

Geländekategorie SCHWARZ: Schwerer Bergweg

Hüttentelefon: **+43 (0) 699 1544 6314**
Homepage: **www.darmstaedterhuette.at**
[Weiterleitung eingerichtet]
DAV-Sektion Darmstadt-Starkenburg:
   www.alpenverein-darmstadt.de

TAG 5: ZUR FRIEDRICHSHAFENER HÜTTE

Die neue bzw. alternative Route führt vorbei am **Rauteturm** (2825 m) über den **Rautekopf** (2849 m) zum **Rautejöchli** (2752 m). Bis hierher ist mit dreieinhalb Wegstunden zu rechnen. Von nun an folgt man dem klassischen **Ludwig-Dürr-Weg** an den Schönpleisköpfen, dem Karkopf und dem Matnalkopf entlang. Der **Zwischengrat** (2770 m) und das **Schönpleisjoch** (2870 m) werden passiert, ehe mit der **Dürrscharte** (2666 m) die letzte Hürde zu nehmen ist. Das Finale bildet der Abstieg zur **Friedrichshafener Hütte** (2138 m).
900 Höhenmeter Steigung stehen **1150 Höhenmeter Gefälle** gegenüber. Mehrere steile Flanken, Gratpassagen

und ein kleines Firnfeld liegen auf dem Weg. Das Zeitpensum kann sich gut und gerne auf **neun Gehstunden** summieren.

Geländekategorie SCHWARZ: **Schwerer Bergweg**

Mittelschwere Variante

Wem der Ludwig-Dürr-Weg zu gewagt erscheint, die oder der kann auf eine Variante mittlerer Schwierigkeit ausweichen. Die sehr lange Tour verläuft über den **Apothekerweg** *auf das* **Kuchenjöchli** *(2730 m) und hinab ins* **Fasultal.** *Am Bach geht es hinter der Brücke entweder rechts hinab zur Konstanzer Hütte (1688 m). Mit einer Übernachtung lässt sich die Etappe je nach Geschmack oder Bedarf in gemütlichere Abschnitte portionieren. Oder man wählt den Weg nach links: Er leitet durch das lang gezogene Tal hinauf zum* **Schafbicheljoch** *(2636 m). Dort wartet der Abstieg zur* **Friedrichshafener Hütte.**

An Höhenmetern sind **1250 m bergauf** *und* **1500 m bergab** *zu meistern. Die reine Gehzeit beträgt schätzungsweise* **acht Stunden.**

Geländekategorie ROT: Mittelschwerer Bergweg

Hüttentelefon: **+43 (0) 676 790 8056**
Homepage: **www.dav-fn.de/verein-12/fnhuette**
DAV-Sektion Friedrichshafen: www.dav-fn.de

TAG 6: ZUR NEUEN HEILBRONNER HÜTTE

Über das **Muttenjoch** (2620 m) führt die vergleichsweise kurze und leichte Etappe auf dem **Friedrichshafener Weg** zur **Neuen Heilbronner Hütte** (2320 m).

650 Höhenmeter bergauf und **450 Höhenmeter bergab** sind zurückzulegen. Für die Gesamtstrecke werden rund **vier Gehstunden** benötigt.

Geländekategorie BLAU: **Einfacher Bergweg**

Hüttentelefon: **+43 (0) 664 1804277**
Homepage: **www.heilbronnerhuette.at**
[Weiterleitung eingerichtet]
DAV-Sektion Heilbronn: www.dav-heilbronn.de

Knackige Gipfeleinlage

*Vom Muttenjoch kann in stellenweise leichter Kletterei die **Gaisspitze** (2779 m) bestiegen werden. Das Schmankerl schlägt hin und zurück insgesamt mit **circa einer Stunde** zu Buche.*

TAG 7: ÜBER DIE KONSTANZER HÜTTE ZUR KALTENBERGHÜTTE

Für den direkten Weg zur **Konstanzer Hütte** (1688 m) durch das **Schönverwalltal** werden **zwei Stunden** veranschlagt. Knapp **650 Höhenmeter** geht es **abwärts**.

Geländekategorie BLAU: **Einfacher Bergweg**

Schwere Variante

*Wer sich für die anspruchsvolle Route über den **Bruckmannweg,** das **Wannenjöchli** (2633 m) und durch das **Fasultal** entscheidet, benötigt **sieben Wegstunden** bis zur **Konstanzer Hütte**. Nach **500 Aufstiegsmetern** und **1150 Abstiegsmetern** bietet sich eine Übernachtung an, um die Wanderung zur Kaltenberghütte am darauffolgenden Tag erholt fortzusetzen.*

Geländekategorie SCHWARZ: Schwerer Bergweg

Hüttentelefon: **+43 (0) 664 7362 1816**
Homepage: **www.konstanzerhuette.com**
DAV-Sektion Konstanz: www.dav-konstanz.de

Im weiteren Verlauf wird das **Gstansjöchli** (2573 m) bezwungen, der **Kaltenbergsee** (2506 m) tangiert und das **Krachenjoch** (2650 m) überwunden. Hier empfiehlt sich ein Mini-Abstecher auf die **Krachelspitze** (2686 m), bevor man zur **Kaltenberghütte** (2089 m) absteigt.

Die **1100 Höhenmeter bergauf** und **700 Höhenmeter bergab** lassen sich in rund **sieben Stunden** Gehzeit hinter sich bringen.

Geländekategorie ROT: **Mittelschwerer Bergweg**

Hüttentelefon: **+43 (0) 664 550 7500**
Homepage: **www.kaltenberghuette.at**
DAV-Sektion Reutlingen: www.dav-reutlingen.de

Tag 8: Der Ausstieg – nach Langen am Arlberg

An der Kaltenberghütte orientiert man sich nach Westen, wandert auf einem Pfad zur Oberen Bludenzer Alpe hinunter und gelangt in der Folge zum Albonabach. Dieser hält direkt auf Langen zu, wobei der Forstweg serpentinenartig talwärts zieht.

Zwei Stunden bedarf es für den **Abstieg** von ungefähr **800 Höhenmetern.**

Geländekategorie BLAU: **Einfacher Bergweg**

Alle Zeitangaben beruhen auf erfahrungsbasierten Schätzungen. Die konkrete Dauer einer Tour hängt von vielen Faktoren ab: von der persönlichen Kondition, der Tagesform, der Schwere des Rucksacks, den Wetter- und Bodenverhältnissen, der Gehgeschwindigkeit und nicht zuletzt von der Pausenlust.

GLEICHMUT – EIN GUTER BEGLEITER

In letzter Konsequenz ist jeder Mensch selbst für sein Tun verantwortlich. Im Vertrauen auf seine Kraft und innere Stärke, die jedem Lebewesen innewohnende Buddha-Natur, nimmt er die gestellten Aufgaben dankbar an. Auf überraschende Änderungen reagiert er gelassen, denn sein beweglicher Geist befähigt ihn, von einem fixen Ziel abzusehen und, wenn es die Umstände erfordern, eine andere Route einzuschlagen. Herausforderungen, die sie bereithält, begegnet er gleichmütig, um sie schließlich mit Geduld, Besonnenheit und Konzentration zu meistern. Denn der Weg ist das Ziel, und im Grunde ist keine gute Absicht besser als eine andere.

LITERATURANGABEN

Alpenvereinskarte 28. Verwallgruppe. Wegmarkierung. 1 : 50 000. Ausgabe 2010, DAV, München.

Alpenvereinskarte 28/2: Verwallgruppe Mitte. Wegmarkierung. 1 : 25 000. Neuauflage 2016, DAV, München.

DAV-Sektion Heilbronn: Verwall-Runde. Die 8-Hütten-Tour durch das Verwall. 12. Auflage 2019, DAV, Heilbronn.

Thöny, Christof; Rudigier, Andreas: Von schroffen Bergen eingeschlossen. Das Lechquellengebirge und seine Erschließung. Wald am Arlberg, Österreich, 2012.

Wikipedia (2020): Paul Heyse.
https://de.wikipedia.org/wiki/Paul_Heyse [Eingesehen am 21.03.2020]. Wikimedia Foundation Inc., San Francisco, CA (USA).